Otti Pfeiffer

DAS STRAUSSENEI ODER: JEDER HAT DAS RECHT ZU BRÜTEN

und andere Geschichten

Otti Pfeiffer

Das Straußenei oder: Jeder hat das Recht zu brüten

und andere Geschichten

Titelgrafik von Paul Reding

Wulff-Verlag, Dortmund

Umschlag Paul Reding

Gesamtherstellung Wulff & Co., Dortmund
Printed in Germany
ISBN 3-88090 095-7

Inhalt:

Das Straußenei oder: Jeder hat das Recht zu brüten

Ich stelle mir vor, wie es wäre, wenn ich eine Zeitlang ausgeschaltet würde. Ich denke mir aus, ich würde für den Alltag unbrauchbar sein, nicht etwa durch Krankheit, das machte keinen Spaß, es käme die Verwandtschaft, die Nachbarn, jeder würde gerne helfen. Nein, o nein. Vielleicht zöge Mutter eine Weile zu uns und übernähme das Regime. Das möchte ich nicht: „Das arme Kind!" „Wie soll sie das denn schaffen? Drei Kinder, eine große Wohnung und dabei krank!"
Und die Sprüche: Ja, wenn eine Mutter krank wird . . .! Eine Mutter darf nicht krank sein . . .!
Faulheit! Ich ziehe Faulheit vor. Ich könnte mich auf die Couch legen und den ganzen Tag Romane lesen. Nur zum Spaß würde ich nicht mehr waschen, kochen, bügeln, spülen. Ich weiß, das halte ich nicht aus. Für Faulheit brauche ich ein Alibi. Ich kenn' mich doch: so ein Krümel auf dem Teppich ist ein Balken im Auge, ein Fleck auf der Tischdecke ein Schandfleck. Faulheit allein zieht mich noch nicht aus dem Verkehr.
Mein Sohn hat so eine drollige Idee, kommt aus der Schule und sagt: „Mutti, brütest du mir ein Straußenei aus?" Ich schütte gerade das Kochwasser von den Kartoffeln. Die Küche ist viel zu eng, da schubst man selbst die, die man liebt, herum.
„Warum ich?"
„Du brauchst nicht in die Schule zu gehen!"
„Ja, richtig". Die Soße schmeckt nach nichts. „Woher nimmst du ein Straußenei?"
„Du kannst 42 Tage im Bett liegen und brauchst gar nichts zu tun als zu brüten."
„Schön wär's!" Ich zähle die Teller ab, werfe alles vom Küchentisch, was nicht dahingehört und decke für die Kinder und für mich. Hochdruckzeit.
„Wie bitte?"
„Wenn ich dir eines besorgt habe, brütest du es mir dann aus?"
„Was?"
„Das Straußenei!" sagt mein Sohn Steffen geduldig.
„Ja, ja, natürlich. Du kannst den Kleinen Bescheid sagen, daß wir essen wollen." Ein paar gehackte Mandeln auf den Pudding streuen. Eine Portion für Vati, wenn er nach Hause kommt.
Ein Ei ausbrüten. Verrückte Idee. Warum sollte man nicht ein Ei ausbrüten! Jeder Mensch sollte das Recht haben, einmal im Leben

ein Ei auszubrüten! Ein Straußenei, 42 Tage Bettwärme für ein Ei. Der Gedanke gefällt mir, und ich fange an zu spinnen.
Ha, das muß man sich vorstellen: eine Mutter von drei Kindern, zwei schulpflichtig, eins im Kindergarten, Haushalt mit vier Zimmern, Küche, Bad, Klo, Korridor und Treppe, legt sich ins Bett und brütet ein Straußenei aus!
Zu was? Was will die Frau mit einem ausgeschlüpften Strauß, wenn überhaupt einer herauskommt?
Hat sie es ihrem Sohn versprochen? Das wäre ein Motiv.
Die verrückte Sache fängt an, mich zu reizen. Weiß mein Sohn Steffen das? Er weiß es nicht. Ich kann ihm sagen: Ich tue es für mich, denn ich habe schon nach einer Möglichkeit Ausschau gehalten zu brüten, etwas auszubrüten!
Ich werde mich rechtfertigen müssen. Ich werde gute Gründe haben müssen, um den Gedanken durchzusetzen. Ich sehe Schwierigkeiten: Keiner wird mir glauben, daß ich meinem Sohn zu Gefallen brüte. Also bin ich vielleicht an Straußenbabys interessiert? Ich kann mich in geheimnisvolle Undurchdringlichkeit zurückziehen: die Laune einer Frau.
Ich brüte ein Straußenei aus. Warum? Abwarten. Für nichts. Es macht mir Spaß.
Meine Tochter Lilli stößt die Bananenmilch um. Ich renne, um mit dem Abwaschlappen die größte Bescherung aufzufangen. Ich habe nicht aufgepaßt. Ich spinne selig vor mich hin.
„Was meinst du, wie du dir ein Straußenei verschaffen kannst?" frage ich Steffen.
„Ein Straußenei? Faszinierend!" tönt Andi.
„Tierhandlung?" schlägt Steffen vor.
Die Möglichkeit habe ich schnell durchgespielt:
Steffens erster Versuch wird im Kaufhaus gestartet. Er setzt ein Gesicht auf, als ob er hier regelmäßig seine Straußeneier einkaufte. Die Verkäuferin ist kurz angebunden.
„Führen wir nicht."
„Sagtest du: Straußenei?" fragt der Abteilungsleiter. Er versteht das Exotische des Wunsches.
„Für Pfannkuchen?"
„Meine Mutter will es für mich ausbrüten!" sagt Steffen ernsthaft. Der Abteilungsleiter meint, über diesen Witz sollten noch andere Leute lachen und schickt Steffen zum ersten Haus am Platze. Drei kichernde Mädchen beraten den Fall „Straußenei", sie vergessen Steffen, er geht.
„Du solltest an einen Zoodirektor schreiben, Steffen!" spinne ich.

„Wenn einer, dann hat er die Möglichkeit, an ein Straußenei zu kommen!" Steffen legt eine charmante Mischung in seinen Blick: zärtliche Bewunderung und Zweifel an meinem Verstand. Ja, darauf muß ich mich wohl gefaßt machen, im Blick der anderen zu lesen: leichtes Irresein!

Steffen schreibt einen Brief. Andi entwickelt sich schnell zum Fachmann in Sachen Strauße. Er schleppt Bücher aus der Stadtbücherei herbei. Hier steht es zu lesen:

„Die Küken sehen in ihrem borstigen Gefieder wie kleine Stachelschweine aus. Im Steppengras sind sie kaum zu bemerken. Bald setzen sie sich auf ihre Läufe, kippen aber noch um, wenn sie sich erheben wollen und wippen mit ihren Flügeln: schließlich können sie ihre Beine gebrauchen und laufen."

„Schön, so ein Straußenbaby!" Steffen strahlt.

„Wie ein Stachelschwein!" sagt Lilli.

Den ganzen Tag kann man nicht spinnen. Ich räume das Geschirr zusammen, wasche die Bananenmilch aus der Decke, spüle, kratze Töpfe aus. Im Backofen halte ich Vaters Mahlzeit warm. Mein Mann! Er wird die größten Schwierigkeiten machen. Nicht einmal machen, sondern haben: schon jetzt hat er Last mit seiner Frau. Sie hat ein paar Bücher gelesen über die Lage der Hausfrau, die Unterdrückung der Frau und über die Befreiung vom Joch der Weiblichkeit. So etwas macht unzufrieden, vielleicht sogar kritisch.

Was soll er denn tun? Eigentlich, so meint er, muß sie doch ausgefüllt sein von drei Kindern, Haushalt und Ehemann. Lilli noch klein, Andi ein Dreckspatz, Steffen, der bei seinen heftigen und ernsten Auseinandersetzungen mit der Umwelt unterstützt werden muß.

Peter hat es schwer mit mir, er ist ein normaler, guter Ehemann, treusorgend, liebevoll, tüchtig, häuslich, ein bißchen gleichgültig, konsterniert, wenn diese guten Eigenschaften nicht auszureichen scheinen, um die Ehefrau für immerdar glücklich zu machen.

Peter ist ein vernünftiger Mann. Er macht nicht die Sorte Schwierigkeiten, gegen die man mit Protestgeschrei angehen könnte.

„Du spinnst doch!"

„Und wenn schon!"

„Hat das etwas mit Emanzipation zu tun?"

„Aber sicher. Wer spinnt, emanzipiert sich, wer emanzipiert ist, spinnt."

„Was willst du erreichen?"

Wenn er versucht, ein bißchen männlichen Verstand in mein Emanzipationsgewusel zu bringen, dann verstehe ich gut, daß er mich nicht verstehen kann.

Ich bin Hausfrau und Mutter — das hatte ich nicht gelernt. Ich pussele mir alles zurecht: erziehe ohne pädagogisches Geschick, koche ohne Erfahrung, führe den Haushalt ohne Übersicht. Ich mache Fehler. Sie blicken mich an. Ich bin ein Versager, ein Versager als Hausfrau und Mutter. Ich habe das nicht gelernt. Es nützt nichts, daß jedermann denkt: du bist doch eine Frau, das kann dir doch nicht schwerfallen, das hast du doch mit der Muttermilch aufgesogen . . .

Ich bin verbiestert, frage mich: wie bin ich da hineingeschlittert? Ich spinne. Das ist meine Emanzipation.

Ich höre meinen Mann, der ohne große Erregung neben mir spricht: „Du kannst nicht erwarten, daß ich diesen Unsinn unterstütze." Soll ich dafür sorgen, daß an seiner Bequemlichkeit nichts mangelt? Es ist staubgesaugt wie immer, aus dem Waschbecken habe ich die verspuckte Zahnpasta entfernt, die Wäsche ist gewaschen, und durch die Fensterscheiben kann man deutlich die Bäume im Park erkennen. Soll ich in Hast und Eile den Haushalt versorgen und immer nur verschämt und verstohlen an meine Brutpflichten gehen?

Nun spinne ich wirklich. Ich will versuchen, beidem gerecht zu werden. Schließlich kann ja auch kein Mann einfach 42 Tage ausschalten und ein Straußenei ausbrüten. Ganz was anderes wäre es, wenn es sich um etwas Ernsthaftes handelte wie Fußball spielen, Leserbriefe schreiben, Krieg führen, auf dem Mond landen.

Ein neuer Tag kommt herauf. Er wirft Licht über den Park. Im Wohnzimmer tanzen die Staubkörnchen. Meine Männer sind aus dem Haus, Lilli spielt im Nachthemd in ihrem Bett, alle Puppen um sich, den Bär mit Schleife dekoriert. Ich stehe am Fenster wie oft. Ich weiß, gleich bereite ich ein Frühstück für uns zwei, ich lese den Zeitungsroman und die erste Seite der Zeitung mit der Politik, die sich irgendwo abspielt, während ich die Betten mache oder den selbstorganisierten Pflichten des Waschtages nachgehe.

Ich habe mir ein Gerüst gebaut für die Tage der Woche, für die Stunden des Tages. Jede Arbeit hat darin ihren festen Platz, je flinker ich sie tue, um so eher schlage ich Zeit heraus. Zeit für mich. Ich begrüße sie, ich vernasche sie, aber ich kann nicht viel mit ihr anfangen: ich kann den Kindern übers Haar streichen, ein paar Fehler in der Orthographie entdecken, einem die Tür öffnen, der schellt, ein Bild gerade rücken, einen Knopf am Hemd zumachen. Und dann steht Kochen auf dem Programm. Mehr mir selbst als den Kindern zum Trost sage ich abends: „Morgen kommt ein schöner, neuer Tag!"

Er ist da. Lilli läuft mit bloßen Füßen zum Klo. Das prächtige Nachthemd läßt sie wie eine kleine Prinzessin aussehen, es ist ein weibliches Geschenk von einer weiblichen Frau. Welch ein Traum von einem Nachthemd. Schlagartig verwandelte es das Kind in ein weibbewußtes Mädchen. Vater sagte:
„Wie schön du aussiehst, Lilli!" Wie soll sie jemals vergessen, daß der erste wichtige Mann in ihrem Leben sie in einem Nachthemd so schön gefunden hat!
Lilli wäscht sich, und ich kämme ihr Haar.
„Sind meine Hände nicht wie neu?" fragt sie. Ihre Hände sind noch feucht, kühl, hellrosa, kein Schmutz daran.
„Wie neu!" sage ich.
Ich will dieses Ei ausbrüten! Mal sehen, was wird. Ich werde nicht mehr in diesen Zeitlücken am Fenster stehen mit dem verrückten Gefühl, eine Fülle von Kraft und Möglichkeiten zu vergeuden.
Andi kommt aus der Schule und fragt: „Was heißt: My love?"
„Meine Liebe."
„Fällt dir nicht auf, daß alle Lieder und Filme und Leute von Liebe reden?"
„Nun ja, Liebe!" sage ich schüchtern. „Die Leute reden von Wünschen, die noch nicht in Erfüllung gegangen sind."
„Ja", sagt Andi kurz, „das verstehe ich".
Er muß neun Sätze bilden. Warum neun? Er geht, um seine Arbeit zu machen. Mich läßt er stehen mit dem Wort Liebe im Ohr. Ein Wort, das nicht nur achtjährige Jungen bewegt, es bewegt auch mich. Ein summarisches Wort, ich hätte es gern in seine Teile zerlegt. Man müßte auf das kleinste unteilbare Ganze stoßen. Was das wohl wäre? Plötzlich meine ich, ich müßte unbedingt die Teile kennen, die zum Sammelbegriff Liebe gehören.
Ich stelle den Staubsauger an. Der Fußboden hat es nötig.
Verzichten. Das könnte dazu gehören.
Nein, ich verzichte nicht auf das Straußeneiabenteuer. Ich lasse mich darauf ein. Verzichten bringt nichts ein. Wenn ich mein Tischtuch nicht bügle, wird es nicht glatt. Wenn ich nicht brüte, kommt nichts heraus.
Heute — denke ich mir — bekommen wir das Straußenei geliefert. Es war nicht einfach zu beschaffen. Der Zoo teilte Steffen mit, daß zooeigene Straußeneier nicht verkauft werden könnten, und natürlich gab es kein Geschäft, das Straußeneier führte. Durch einen Zufall erfuhr Steffen, daß man in China Schwalbennester als besondere Delikatesse verspeist, da hatte er die Idee, die ihn zum Erfolg führte.

Sein Freund Martin ist der Sohn eines Kochs in einem feinen Speiserestaurant. Ein interessanter Vater, der mit einer hohen weißen Kochmütze riesengroße Pfannen schwenkte. Manchmal durften die Jungen in seine Küche gucken, er servierte ihnen die herrlichsten Fritten, aber dann mußten sie wieder gehen.
Steffen mochte Herrn Potthof gern und wie sich herausstellte, hatte auch Herr Potthof ein Herz für ihn.
Einmal im Jahr gab es im Schlemmerhof als Spezialität des Hauses Omelettes aus Straußenei. Je nachdem, wie viele Straußeneier der Chef zugeschickt bekam, lud er seine Stammgäste schriftlich und mit den besten Empfehlungen zu einem solchen Essen ein. Für dieses besondere Gericht hatte man eine extra große Kupferpfanne angeschafft und Straußeneigeschirr.
Das Omelette wird nur schwach gewürzt, um den Eigengeschmack nicht zu beeinträchtigen. Man ergänzt die Speise mit zehn verschiedenen Soßen und zehn verschiedenen Salaten. Eine kulinarische Schaustellung.
„Besorg mir ein Ei", sagte Steffen zu seinem Freund.
„Hast du genug Geld? Was meinst du, was so ein Ei kostet?"
Steffen zerschlug sein Sparschwein. Vierzig Mark und etwas!
„So viel Geld!" dachte Steffen. Er hatte sein Erspartes gern und trennte sich nur schweren Herzens davon. Die Scheine zwischen dem Silbergeld erschienen ihm wie persönliche Errungenschaften. Für das Straußenei wollte er sie opfern.
Allerdings: „Erst das Ei!"
Herr Potthof konnte leider nichts versprechen. Wenn ein paar abgezählte Eier ankamen, gab es ebenso viele Omelettes, dabei konnte man nicht schwindeln. Jedes Omelette wurde am Tisch der Gäste vor aller Augen zubereitet.
Der Koch brachte das Ei in einem Korb heil und ganz in die Gaststube. Das gehörte dazu. Für ihr teures Geld wollten die Gäste etwas zu sehen bekommen, vor allem, wie das Riesenei aussah und wie der Koch es kunstgerecht in die Pfanne schlug.
Zur Straußeneisaison kamen 13 Eier an, an einem Freitag. Das war Steffens Glück. Herr Potthof behauptete, bei der Zahl 13 verließen ihn alle guten Geister. Es könnte ihm passieren, daß er das unselige dreizehnte Ei fallen ließ, also wollte er es lieber günstig verkaufen. Er hatte einen Interessenten, der ihm das Ei zu einem vernünftigen Preis abkaufen würde.
Da der Chef sich nicht zutraute, selbst ein Straußenei sachgerecht zu verarbeiten, durfte das dreizehnte Ei verkauft werden. Steffen brachte das Straußenei vorsichtig nach Hause. Natürlich hatte er unter-

sucht, ob es auch nicht angeknickt war, er hatte auch gefragt, wie alt es wohl wäre. Da es für menschlichen Genuß angeschafft worden war, handelte es sich selbstredend um ein Frischei.
Es hatte einen zarten Schimmer wie von Gold.

Für meine Wünsche habe ich oft keine vernünftigen Argumente, deshalb möchte ich Diskussionen aus dem Weg gehen. Ich lege vollendete Tatsachen auf den Tisch, das heißt: ich lege das große goldschimmernde Ei in mein Bett und mich dazu, damit der Vorgang beginnt, den man Brüten nennt.
„Was ist los?" fragt mein Mann. „Gibt es kein Abendbrot? Es ist Zeit!"
Steffen fühlt sich verantwortlich, obgleich ich es natürlich bin, aber ich bin einfach mit meinem Ei eingeschlafen. Ich schlafe über die Abendbrotzeit hinweg. Sie wollen mich nicht stören. „Wieviel Löffel Zucker nehme ich wohl zum Kakao?" Ja, wenn ich die Augen aufmache und mich entschließe, wieder wach zu sein, sage ich es euch ...
Ich dehne mich aus in meinem wohligen Bett, ein großartiges Gefühl: es ist Abendbrotzeit und ich bin abseits! Von der Küche klingt Gelächter zu mir her. Die amüsieren sich! Ich habe mich nie amüsiert. Abendbrot herrichten ist eine Pflicht, täglich einmal zu erledigen, ebenso wie täglich Frühstück, Mittagessen und gelegentlich Nachmittagskaffee-und-Kuchenaufwand. In meinen Augen alles Arbeit. Man denke nur, wieviel Geschirr man schmutzig macht für eine simple Quarkspeise. Das Endprodukt gelangt auf den Tisch, aber alle Löffel, Schüsseln, Töpfchen, Mixer, Zitronenpresse, Eierschalen, Vanillezuckertüten bleiben auf dem Schlachtfeld zurück.
Die machen in der Küche einen Spaß aus dem, was ich Arbeit nenne. Sie setzen mich ins Unrecht: ist sie nicht ein Griesgram? Was gibt es zu meiner Entschuldigung zu sagen?
Ich bin nie Gast in meiner Küche, ich wohne darin.
Das Ei hat meine Wärme angenommen, es liegt groß und rund in der Kuhle zwischen Bauch und angezogenen Knien. Ein merkwürdiges Ei. Ich habe meine Zweifel, was wohl herauskommen mag, falls ich brütend durchhalte. Ein Straußenjunges? Erwarte ich etwas anderes? Meine Familie kichert in der Küche. Ich bin allein mit mir und dem Ei. Es ist mein Ei. Wenn auch mein Sohn es bezahlt hat, so ist es doch mein Ei, denn zum Brüten konnte nur ich abgestellt werden. Allein ich hatte keine unaufschiebbaren Termine, keine durch nichts zu ersetzende Funktion.
Für meinen Sohn stellt sich die Sache so dar: Ich brauche nicht in die Schule zu gehen, und ich brauche nicht außer Haus Geld zu verdie-

nen. Das bißchen Hausarbeit (von meinem Ehemann leichtfertig so genannt) läßt sich gewiß mit dem Brüten vereinbaren.
Jetzt bin ich wichtig. Ich lasse mir das nicht nehmen. Ich brüte. Allerdings: Meine Wichtigkeit entsteht durch meine Unwichtigkeit ... Wohin Spinnen führt.
Sie haben die Milch ein bißchen anbrennen lassen. Man riecht's. Sie vergessen mich beim Abendbrot. Es ist ganz gut, daß ich nicht dabei bin. Sie müßten längst mit dem Essen fertig sein! Ich hätte gewiß den Tisch schon abgeräumt, die Decke ausgeschüttelt, die Brettchen abgewaschen, das Brot in die Plastikhülle gedreht, die Wurst in den Kühlschrank gelegt.
Abends soll es ja schließlich gemütlich sein. Jetzt machen wir es uns gemütlich.
Ich bin neidisch auf meine Familie. Sie haben es drüben vor dem unaufgeräumten Eßtisch gemütlich, weil ich nicht dabei bin. Sie reden durcheinander und lachen, daß man es im Schlafzimmer hört, weil ich nicht so erpicht auf Gemütlichkeit bin. Das wäre ja noch schöner! Sollte meine Entfernung aus der Küche deutlich machen, daß ich überflüssig bin?
Sie vermissen mich nicht! Ha, noch ist alles beim alten, noch können sie sauberes Geschirr aus dem Schrank nehmen. Und was sonst noch alles selbstverständlich sauber und ordentlich ist.
Halt! Will ich denn brüten, um zu beweisen, daß sie mich als Sauberfrau gebrauchen?
Warum rege ich mich so auf? Ich bin schon fast so weit, daß ich von meinem Brutnest herunterspringen will. Zum Kuckuck mit dem Strauß! Warum schmeißen die Kinder heute ausnahmsweise keinen Kakaobecher um? Wie weit mögen sie sein? Andi hat gewiß noch nicht eine Schnitte gegessen. Wie soll ich das 42 Tage lang durchstehen?
Was ist denn jetzt los?
Meine Familie kommt ins Schlafzimmer! Sie haben daran gedacht, an mich zu denken! Sie bringen mir zwei liebevoll hergerichtete Butterbrötchen. Steffen trägt eine Tasse Kaffee. Ich habe doch gar nicht die Kaffeemühle gehört. Er hat sicherlich den alten aufgewärmt. Wie lieb! Meine Erziehung kann nicht allzu schlecht gewesen sein, wenn sie alle mit Fürsorge an mich denken!
„Wer brütet, muß auch etwas essen!" sagt mein Mann.
„Danke schön!" sage ich ein bißchen gequetscht, denn ich habe Heimweh gehabt.
„Na, wie ist das denn so als Glucke auf dem Nest?"
„Ich fühl' mich gut."

„Zeig mal her, das Ei!"
Ich schlage das Federbett zurück. Alle bestaunen das große gewölbte Ei.
„Eine reichlich blöde Idee!" sagt mein Mann tastend.
„Ich habe ‚Nur-Hausfrau' satt!" sage ich leichtfertig.
„Oh, mein Gott!" seufzt Peter, „abends bin ich müde, dann kann ich mich nicht damit auseinandersetzen, daß meine Frau sich emanzipieren will!"
„Ich weiß schon, eine Frau ist so lange wichtig, wie sie selbst unwichtig ist! Lassen wir das. Ich will kein Besen, kein Drachen, keine Xanthippe sein. Brüten ist schön!"
Ich brüte so vor mich hin. Brüten ist ein Rund-um-die-Uhr-Bereitschaftsdienst. Von keiner meiner Fähigkeiten und Fertigkeiten: Radfahren, Putzen, Tanzen, Lesen, Singen wird Gebrauch gemacht. Nur von meiner Wärme.
Wärme ist wohltuend, Wärme läßt Lebendiges gedeihen, Wärme ist im Hauch des Atems, Wärme entsteht bei Berührung, Wärme ist einfach hervorzubringen und doch so wichtig. In der Wärme dehnen wir uns aus, Wärme ist der Anfang, ohne Wärme ist keine Freude.
Ich habe noch nie an Wärme gedacht, noch nie an die Fähigkeit zu brüten. Jetzt aber dehne ich mich wohlig in der Wärme meines Bettes, meines Körpers und des goldfarbigen Straußeneis.
„Komm," sage ich zu Lilli, „steck deine Hand unter meine Decke, es ist so schön warm hier!"
„Es ist so schön warm, daß ich eine Gänsehaut bekomme!"
„Dann komm ganz herein, zieh die Schuhe aus!"
So hole ich Lilli in mein Bett und später Steffen und Andi und meinen Mann, und ich würde auch die Nachbarn und die Eltern und den Schornsteinfeger und die Müllabfuhrleute und den Briefträger und den Volkswohlkassierer und die Schulfreunde der Kinder und die Astronauten und Präsident Reagan und Shirley Temple und gar den Papst einladen, an der Wärme des Körpers teilzunehmen, die mir ungeheuer wichtig, ja erlösend vorkommt. Brutwärme, Nestwärme, Hautwärme, Atemwärme.
Warum habe ich mich früher nicht so richtig als Körper begriffen? Mein Ich kann doch nicht ohne Körper existieren?
Jetzt identifiziere ich mich mit dieser Wärme, die ich hervorbringe, es ist meine Wärme, sie wärmt nicht nur mich, sie durchdringt auch dieses Ei und alles, was ich anrühre. Wärme werde ich zu meiner Philosophie machen und Kälte zur Gegenphilosophie. Was kalt ist, werde ich anhauchen.

Wenn man einmal anfängt zu spinnen, so hört man so schnell nicht wieder auf. Heute morgen bin ich lustlos und traurig. Aus welchem Grund? Komm der Sache auf den Grund.

Nicht ganz auf den Grund.

Sieh dich um in so einem Leben: du bist seit Jahr und Tag verheiratet, bist eingespannt in das tägliche Allerlei. Alles ist gewöhnlich.

Ich möchte gerne noch einmal neu sein. Liebe müßte neu sein, mit neuen Gedanken, neuen Gefühlen. Zu Hause bin ich alt, die Hexe, die immer schimpft, beim zweiten verschütteten Milchbecher die Nerven verliert. Ich mache alte Fehler, niemand verzeiht sie mir.

Ich denke mir eine Geschichte aus: ich schicke das Püppchen, fein gemacht, auf eine Ausstellung. Es steht in einer Glasvitrine, es lächelt fremde Leute an. Die Menschen marschieren vorbei, Stimmen schwirren durch die Luft, ein großes Feuer wirft rosige Reflexe auf sein Gesicht. Einer bleibt vor dem Püppchen stehn und schneidet zärtliche Grimassen.

„Ich habe schon viel erlebt!" sagt er. „Ich will dir davon erzählen."

„Erzähle!" sagt das Püppchen und betrachtet die Gesichtszüge und verweilt bei den Augen. Der Fremde tritt vor die Vitrine, schiebt die Glasscheibe zur Seite und hebt das Püppchen auf seine Hand. Seine Finger berühren das überraschte Gesicht.

„Das geht zu weit, das geht zu weit!" sagt das Püppchen und lächelt. Nicht mehr hinter Glas, versteht man sich besser. Sie gehen fort. Draußen ist Regen.

Was soll eine solche Geschichte. Ich verwickele mich darin, als ob sie Wirklichkeit besäße. Nein, keiner verläßt die geschlossene Gesellschaft und steht draußen im Dunkeln, nur mit Laternenlicht im Rücken und lacht und tastet mit Fingerspitzen eine fremde Haut an. Ich nehme das Püppchen und stelle es in die Vitrine zurück.

Ich werde berühmt. Es belustigt mich. Wer brütet, wird berühmt. Eine Hausfrau brütet, wo gibt es denn so was?

Ich trage jetzt zum Brüten einen Morgenmantel, weißgrundig mit blauem Blumenmuster. Ich kaufte ihn mir für den letzten Entbindungsurlaub. Weiß steht mir gut zu Gesicht, und ich kann vor dem Kragen eine große duftige Schleife binden. Ich muß nämlich damit rechnen, daß ich Besuch bekomme.

Lilli hat voller Entzücken, daß ihre Mutter jetzt jeden Tag Zeit und Geduld für sie hat, herausposaunt, daß ich brüte.

Sie erzählt es allen Nachbarn im Haus. Sie lachen natürlich. Wer glaubt schon, daß eine an sich ganz vernünftige Hausfrau, noch dazu eine, die nebenan wohnt, etwas so Verrücktes unternehmen würde wie das Ausbrüten eines Straußeneis? Sie merken allerdings, daß ich weder den Dreckeimer ausleere noch die Post heraufhole. Und als Steffen mit Mühe und Not die Treppe wischt, da klingelt einer nach dem anderen bei uns an.

Lilli führt sie strahlend ins Schlafzimmer. Ich liege tatsächlich am hellichten Tag im Bett und sehe keineswegs krank aus. Ich sehe ihnen an, daß sie mißtrauisch werden. Lilli zeigt ihnen das Ei und erklärt alles.

Werden sie vielleicht auf den Arm genommen? Sie fragen viele Warums und Wiesos. Meine Antworten befriedigen nicht. Im tiefsten Herzen weiß ich, daß sie das gar nicht können. Denn ich weiß selbst nicht genau, was mich veranlaßt, konsequent zu brüten. Noch am vierten und fünften Tag habe ich gedacht: Jetzt ist es genug. Jetzt kannst du wieder aufhören. Jetzt fängt der Haushalt an, für Mann und Kinder ein Problem zu werden. Jetzt habe ich ja bewiesen, daß ich zu etwas Verrücktem fähig bin. Welcher Teufel flüstert mir ein, das, was ich erreichen will, sei noch keineswegs erreicht, ich müßte durchhalten?

Interessant für alle Besucher ist die Frage, wie ich denn mit der Führung des Haushalts fertig würde, ob ich zum Kochen aufstünde, und schließlich müßte man doch putzen und Wäsche waschen.

„Was sagt denn Ihr Mann dazu?“

„Es gefällt ihm nicht,“ sage ich.

„Das ist ja auch ein starkes Stück! Haben Sie Ehekrach?“

„Nein, nein. Es war nur alles so selbstverständlich, was ich täglich tat, so selbstverständlich, daß es jedermann unwichtig schien.“

„Dann ist dies so eine Art passiver Widerstand, eine Demonstration!“

„Na ja,“ sage ich. „Brüten ist einfach wichtig, ich meine, jedermann sollte ein bißchen brüten.“

Ich kann sehen, daß sie mich für schwachsinnig halten.

Lilli bringt nicht nur die Nachbarinnen, sondern auch die Briefträgerin ins Schlafzimmer, den jungen Mann, der ein Zeitschriftenabonnement verkaufen will und die nette Frau, die ehrenamtlich für die Gemeinde „Die kirchlichen Nachrichten“ austrägt.

Andi hat seine Lehrerin informiert, daß er jetzt täglich spülen muß, derweil seine Mutter im Bett liegt und brütet.

Irgendwer muß es dem Redakteur einer Zeitung erzählt haben, denn als Lilli den nächsten Besucher in mein Schlafzimmer führt, stellt er sich — geniert, aber tapfer — als Lokalberichterstatter vor. Höflich ist der junge Mensch, da hört man oft anderes. Lilli zieht die Bettdecke ein wenig weg und zeigt dem Herrn von der Presse bereitwillig das Ei, aber er darf es nicht anfühlen, nur gucken.

Er macht nicht den Eindruck eines Reporters, er ist eher so ein Mensch, der gelegentlich Gedichte macht, aber wer liest schon Gedichte. Wenn der die Story einer Frau bringt, die sich hinlegt und ein Straußenei ausbrütet, dann könnte sie zu einem Gleichnis werden. Allerdings sind wir morgens beim Frühstück nicht auf Gleichnisse gefaßt, wenn wir die Tageszeitung und den lokalen Teil aufschlagen.

Wir lassen uns auf ein Gespräch ein. Die Informationen gibt Lilli, die mit ihrer korrekten Aussprache und altklugen Schnörkeln die Geschichte des Eis beschreibt, die alle Daten weiß, von wann ab und wie lange noch gebrütet wird.

Ich sonne mich in Lillis Lobsprüchen über mich, wie schön es ist, eine brütende Mutter zu haben. Sie spielt immer mit ihr, sie ist immer da, sie hat keine zerrissenen Socken mehr im Schrank. In den ersten Tagen des Brütens habe ich meinen Stopf- und Nähkorb aufgearbeitet, sämtliche ausgeleierten Gummis entfernt, alle abgerissenen Träger und Knöpfe angenäht, Löcher gestopft. Ich hatte gar nicht gewußt, daß die Kinder so ausreichend mit Strümpfen versorgt waren. Zum Schluß habe ich noch Reißverschlüsse in Hosenschlitze genäht, dazu braucht man ja mehr als Geduld, Mut.

Die Kinder finden es großartig, daß ich an ihren Schularbeiten teilnehme. Sie genießen es, mich zu belehren, wenn ich nichts weiß über die Steinkohlenlager im Ruhrgebiet und die Produkte aus Steinkohle.

Ja, Lilli hat dem Reporter einen guten Eindruck verschafft, er scheint unsere Vertrautheit zu verstehen. Für unsere Familie hätte sich das Brüten gelohnt, meint er.

Sein Artikel ist ein bißchen schmucklos ausgefallen. Das heißt nicht, daß er etwa nur trocken berichtet hätte, nein, er gibt eine lebendige Schilderung. Mir fehlt allerdings der gedankliche Rahmen, durch den die Geschichte an Bedeutung gewonnen und an Kuriosität etwas verloren hätte.

Nun, die meisten Leute sind nicht an Bedeutung, sondern an Kuriosität interessiert, so hat er es im Sinne seiner Zeitung richtig gemacht.

Heute ist der 32. Tag des Brütens. Erstaunlich, wie die Zeit vergeht, Steffen hat nacheinander die Vereinigten Staaten von Amerika durchgenommen und ist nun bei den Polarländern. Da es gerade Frühling wird, kommen mir die Eskimos so bedauernswert vor. Wie wärmen sie sich im Winter? Kann man auf Eis ein Feuerchen machen? Schmelzen ihre Iglus dann nicht?

Die Kinder spülen in der Küche. Es ist ganz still. Ich denke immer, sie machen etwas kaputt oder sie können irgend etwas überhaupt nicht. Wahrscheinlich aber weil ich nicht dabei bin, klappt alles. Ich, die ich doch alles so viel besser kann und so viel schneller arbeite! Ich habe

meine Kinder an die Wand gedrückt mit meiner Hausfrauenperfektheit, die weder Langsamkeit noch Ungeschick geduldet hat. Diese Tüchtigkeit provoziert ja förmlich zerbrochene Teller und umgestoßene Kakaobecher. Und warum, warum das? Wegen der Unentbehrlichkeit, wegen meiner eigenen Unentbehrlichkeit!
Ich werde rot in meinem Bett. Ich streichle über das runde, warme Ei. Ich möchte diesen Gedanken wegschieben.
Wenn ich erst mit dem Brüten fertig bin, werde ich vieles anders machen! Was werde ich tun, wenn ich fertig bin?
Ich weiß es noch nicht. Nur: es darf nicht mehr werden, wie es war. Mir wird das Brüten gefährlich. Es fallen mir Sachen ein über mich selbst — wer hätte das gedacht, daß mein Hausfrauenfleiß einem Prestigedenken entspricht! Wer hat mir bloß eingetrichtert, daß immer alles sauber, immer alles makellos, immer alles fertig sein muß? Da ich diesen Anspruch ernst nehme, laufe ich ständig hinter einer unerreichbaren Vollkommenheit her . . . und brauche Bestätigung, verlange von den Meinen, daß sie mich wichtig nehmen, bin dauernd darauf aus, sie nie vergessen zu lassen, daß mein endloser Fleiß der Anerkennung bedarf.
Das muß sich ändern. Ja, das werde ich ändern.

In dem großen Ei, das seine goldene Farbe allmählich verliert, nimmt der Strauß Gestalt an. Er bewegt sich in der Schale, klopft gelegentlich, wälzt sich, reckt sich. Gedämpft durch die Schale fühle ich seine Lebendigkeit.
Das Brüten war eine egoistische Angelegenheit und ist sie noch, und doch wird ein neues Leben daraus. Irgendein Leben, es meldet sich, es spricht zu mir mit der unmißverständlichen Sprache des Körpers, die ja die erste Sprache des Lebendigen ist. Ich habe nicht des Straußes wegen gebrütet, sondern um meinetwillen. Mit der Konsequenz des Lebendigen kommt es dem Ei und seinem Bewohner zugute. Und mir. Mir?
Warum entwickelt sich nicht mit der gleichen Konsequenz auch etwas in mir, nimmt Gestalt an, reckt sich, klopft die Schale ab, sprengt sie, ist fertig und unübersehbar da, noch ein bißchen ruppig, noch ein bißchen stakelig, aber neu und vollkommen und lebendig?
Mach dich nicht lächerlich! sage ich freundlich, überlegen, altklug zu mir. Mach dich nicht lächerlich. Du wärest auch keine Dompteuse oder Afrikaforscherin geworden, wenn du von früh auf eine Karriere ins Auge gefaßt hättest und nicht — wie es in Wirklichkeit war — die Frottiertücher gestreichelt hättest, die du zur Aussteuer geschenkt bekamst.

Immerhin könnte ich Säuglingsschwester für Straußenbabys werden. Immerhin. Was gibt es denn so? Volkshochschule? Ehrenamtliche Aufgaben in der Gemeinde? Man könnte mich in der Pfarrbücherei einsetzen.
Eigentlich habe ich keine Lust, eine Beschäftigung ohne Verantwortung, einen Achtelberuf fürs Taschengeld zu übernehmen. Das ist Tändelei, der unzufriedenen Frau nachsichtig gegönnt.
Und ich werde wiederum aus Mangel an Wichtigkeit gehässig. Schäbig und gehässig. Nein.

Lilli liebt das Ei. Wenn ich koche, vertritt sie mich am Brutplatz. Sie kringelt sich ganz um das Ei und legt ihr Ohr an die Schale. Sie spricht mit dem Sträußchen, sie erzählt ihm Geschichten und horcht dem ungeschlüpften Vogel Geschichten ab. Aus dem Dunkel des Eis, das geheimnisvoll, sehr geheimnisvoll ist, erfährt sie Nachrichten über die Fortschritte der Entwicklung.
„Er hört mich!" sagt Lilli. „Ich habe ihm gesagt, wie ich heiße, und ich will seine Freundin sein, wenn er rauskommt!"
Auch ich halte Zwiesprache mit dem Ei, nicht so schlicht und liebevoll wie Lilli.
Manchmal ist das Ei die taubstumme Wand, vor der ich einsame Monologe rede, manchmal das restlos Zugeschlossene der Zukunft, die auch Hoffnung enthalten könnte, wenn man daran glaubt. Meistens spreche ich zu mir selbst, aber horche auf ein Echo. Manchmal schweige ich mit meinem Ei, nachts, wenn ich wach liege. Oft und häufiger stellt mich das Ei in Frage und zerrüttet meine Sicherheit. Es zerstört mein Selbstgefühl, meine mühsam errungene Ordnung, meine Werte, Wünsche, die Vorstellungen von meiner Zukunft. Auf merkwürdige Weise fühle ich mich allein. Die Fäden zu meinen Menschen, die ich liebe, sind brüchig. Ich muß sie neu spinnen. Aber sie, sie wissen nichts davon.

Ich habe eine Art Brutbüro. Das Telefon ist in Reichweite, ein Zettel, auf dem ich sofort notieren kann, welche Arbeiten anfallen und von dem einen oder anderen Familienmitglied erledigt werden müssen. Hier werden alle Einkäufe genau aufgeschrieben, Steffen und Andi besorgen sie.
Andi nennt das Schlafzimmer Mutters Kommandobrücke, weil von hier aus das Funktionieren des Haushalts geregelt wird.
Wichtiger ist das Zimmer als Aufenthaltsraum, als Schularbeitenraum. Hier sitzen alle, ich bin verfügbar, ich beobachte sie, ich spreche mit ihnen.

Steffen bildet Kausal- und Finalsätze. Jedesmal, wenn er aufblickt, sieht er, daß ich ihn anschaue. Das kommt ihm komisch vor. Er lächelt ein bißchen. Ich lächele zurück.
Was denken meine Kinder, wenn ich sie anblicke? Was denke ich, wenn ich meinen Sohn Steffen anschaue?
Oh, ich weiß! Sitz gerade! Wisch dir den Kakaobart ab! Mach schnell, du kommst sonst zu spät. Überhaupt: wacker, wacker, flink, flink, das sind Lieblingsworte. Vielleicht habe ich die Kinder überhaupt nicht angesehen? Nur ihre Schuhe, die nicht geputzt waren, ihre Strümpfe, die sich ringelten, das Hemd, an dem ein Knopf zuviel offenstand?
„Na ja, zur Not kannst du so gehen!" sagte ich nach dem Kontrollblick. Kontrollblick, das war's! Oder Besitzerstolzblick, wenn die Kinder blankgewaschen für irgendeinen Besuch feingemacht waren. Oder der „Schämst du dich nicht?"-Blick, oder der Vernichtungsblick „Mit dir will ich nichts zu tun haben!", der Kommandoblick, der „Ich-kriege-dich-schon-klein-Blick".
Wann habe ich durch einen Blick zu verstehen gegeben: „Sei wie du bist, ich liebe dich immer?" Selten. Nicht genug als Gegengewicht zu all den Zweckblicken, in denen sich die Kinder als Gegenstände fühlen mußten, die im Eifer des Alltags hin und her geschoben werden. Und immer muß alles schnell gehen: aufräumen, anziehen, ausziehen, essen, arbeiten.
Sie müssen mich dafür hassen; habe ich nicht auch meine Mutter gehaßt, wenn sie mit starrem Blick meinen Willen niederzwang?
Was, um Himmels willen, denken meine Kinder, wenn ich etwas sage? Dringt es zu ihrem Verständnis vor, oder haben sie sich gegen meine Stimme abgeschirmt, weil sie fast immer fordert, fast immer schimpft, fast immer kritisiert?
„Sag mir einen Satz mit ‚damit'!" sagt Steffen.
Ich bin langsam und voller Schmerz.
„Was kann man denn schreiben?"
„Damit meine Mutter ein Straußenei ausbrüten kann, helfen wir Kinder im Haushalt!"
„Ja, das ist gut!" Plötzlich fühle ich mich erleichtert. Es ist ja noch nicht zu spät.
„Ich bin eigentlich erstaunt, daß es dir gefällt, so lange im Bett zu liegen und zu brüten", sagt Steffen.
„Warum?"
„Es kommt mir komisch vor. Du hast früher immer gearbeitet."
„Ja, das stimmt. Ihr helft jetzt viel im Haushalt."
„Es ist, als ob sich alles geändert hätte. Vielleicht warst du vor

lauter Arbeit nicht froh, und jetzt hast du Zeit, froh zu sein." Was er sagt, reißt mir die Haut vom Leib, denn ich verstehe, was er meint: mürrisch, unfreundlich, reizbar verrichtete ich Hunderte von Handgriffen, die nichts einbrachten und sich doch wiederholten, unaufhörlich. Das Chaos wurde nicht überschaubarer, so viel ich auch daran arbeitete. Jeden Tag wurde es neu geboren und nie bewältigt.
„Ich werde dafür sorgen, daß wir jeden Tag zusammen froh sein können. Das verspreche ich dir."

Ich muß vorsichtig schlafen. Das Ei wird immer kostbarer. Es darf einfach nicht passieren, daß ich es im Schlaf aus dem Bett stoße. Bis jetzt ist dem Ei noch nichts passiert. Vielleicht schläft man vorsichtig, wenn man etwas hüten muß.
Ich habe das Ei gegen meinen Mann verteidigt.
„Kein Brüten mehr! Kein Ei!" rief er aus dem Badezimmer. Er hat entdeckt, daß die Bartstoppeln, die er morgens aus seinem Rasierapparat herausgeblasen hatte, abends noch im Waschbecken lagen. Pfui. Jetzt platzt ihm der Kragen.
„Es reicht! Jetzt ist Schluß mit dem Unfug!"
Als erstes fällt mir ein: „Hast du dich gar nicht gewundert, daß ich die ausgepusteten Rasierstoppeln jahrelang täglich weggemacht habe?"
Sofort danach denke ich: Er tut mir leid. Er muß einen Haufen Unbequemlichkeiten hinnehmen. (Die Wäsche ist auch nicht so, wie es wünschenswert wäre!) Und er weiß überhaupt nicht, warum er das ertragen muß. Am schlimmsten ist das Gerede: Stimmt es, daß das Ihre Frau ist, die ein Straußenei ausbrütet? Gräßlich. Sie haben wohl eine enorm emanzipierte Frau? Daß Sie das so einfach mitmachen! Bei mir . . . Haha . . .
„Das Brüten hört sofort auf."
Ich sage viel lieber „Ja". Ja, das ist eine positive Antwort. Ja, das ist freundlich, es bestätigt, — aber es bestätigt den anderen. „Nein", höre ich mich sagen. „Gedulde dich noch die restlichen Tage, ich werde das Brüten nicht mittendrin unterbrechen."
Wenn mein Mann etwas ernstlich will, bekommt er es immer. Denn ich finde meistens einen Grund, weshalb er recht hat. Auch jetzt bin ich bereit zuzugeben, daß die ganze Sache verrückt ist und er mit seiner Forderung recht hat.
Ich habe nein gesagt.
Es verschlägt ihm fast die Sprache. Er glaubt, er kann kämpfen und gewinnen. Aber ich weiß auf einmal, daß das aussichtslos ist.

Warum? Ich weiß es einfach. Er rechnet nicht mit mir. Er rechnet mit einer verantwortungsvollen Ehefrau und tüchtigen Hausfrau, die durch Vernunft zu regieren ist. Er rechnet mit einem launischen Kind, das von seinem Spielchen abgelenkt werden kann. Er rechnet mit seiner Geliebten, die sich an seine Spielregeln hält. Er rechnet nicht mit mir. Mit mir nicht.
Ich hätte nicht Zwiesprache halten dürfen mit diesem warmen Ei, es hätte nicht so wichtig, so kostbar werden dürfen. Nun kann ich nicht mehr auf die Hoffnung verzichten, die in dem Ei steckt. Ich kann nicht mehr auf die Hoffnung verzichten, mich selbst und ein neues Leben auszubrüten.
Er weiß nichts davon. Er weiß nicht, daß ich keine irgendwie geartete Rolle spiele. Ich habe mich mir selbst überlassen. Und nun hat er es mit mir zu tun. Ich bin — wer hätte das gedacht! — störrisch und hartnäckig.
Ich lasse ihn eine Weile kämpfen, weil man ja jemanden, der gerade im besten Zuge ist, nicht bremsen kann. In eine Pause sage ich:
„Mir ist das Ei wichtig!"
„Wichtig! Was ist daran wichtig? Aus purem Egoismus, aus Faulheit willst du mich tyrannisieren."
„Ja, es hat etwas mit Egoismus zu tun, ja, das stimmt. Ich will dich zwar nicht tyrannisieren, aber ich bestehe darauf."
„Willst du mir sagen, warum, warum? Du schämst dich wohl gar nicht, solch ein Egoist zu sein?"
Ich schäme mich, über die heiklen Gedanken und Gefühle zu sprechen, die mich bewegen. Das kann ich noch nicht.
Trauer erfüllt mich: wir verstehen uns nicht.
Die Türen knallen. Ich bleibe, wo ich bin, im Bett bei meinem Ei. Ich bin sehr erregt. Was habe ich erwartet? Wie geht es weiter? Ich streiche über das Ei, es kommt mir dünnschalig vor. Es braucht meine Wärme, ich gebe sie ihm. Was ist das? Liebe? Bedürfnis und Bedürfnisbefriedigung, hinüber und herüber, das ist eine gute Beziehung. Das Ei gibt mir etwas, was ich in meinem ganzen Leben noch nicht aus mir selbst hervorbrachte: Zutrauen zu mir selbst. Peter hat so viel Geduld gezeigt. Ich habe es ihm hoch angerechnet. Jetzt, da seine Geduld zu Ende ist, frage ich mich: wieviel Anmaßung liegt in der Großzügigkeit? Er gewährt Freiheit, er teilt sie zu, mißt sie ab, entzieht sie wieder.
Nein, ich will ihm nicht den Schwarzen Peter in die Schuhe schieben. Ich war immer zu bequem, um klare Verhältnisse zu schaffen und habe mich schlecht und recht in das Bild eingepaßt, das ich von einer guten Ehefrau, Hausfrau und Mutter hatte. Ein falsches Bild, ein

schlechtes Bild, seinetwegen fühlte ich mich eingeengt und hatte ein schlechtes Gewissen.
Es muß alles anders werden. Ich verspreche es mir.

Es geht ziemlich laut her, wenn Andi Schularbeiten macht. Jedesmal, wenn er die Lösung der Aufgabe nicht sofort findet, schreit er auf: „Das schaff' ich in tausend Jahren nicht!" brüllt er. „Ach so, muß ja 87 rauskommen."
Dann ist es mäuschenstill.
„Was ist los, Andi?" frage ich.
„Guck mal, das Mädchen da drüben. Die malt sich an!"
In einem Fenster der gegenüberliegenden Häuserzeile hat ein Mädchen seinen Spiegel auf die Fensterbank gestellt und betrachtet sich ausgiebig.
„Was macht sie?" fragt Andi.
„Sie tuscht die Wimpern, damit sie lang und schwarz aussehen!"
„Sie sieht auch jetzt schon schön aus!"
„Ja?"
„Mach' du das doch auch mal!"
„Meinst du? Dann hol mir nachher mein Schminktäschchen!"
„Jetzt schmiert sie sich was auf die Backen. Warum macht sie das?"
„Sie hat sich gern. Sie findet sich schön. Jetzt tanzt sie. Sie ist fröhlich und hat keine Sorgen. Ein schönes Gefühl!"
„Ich versteh' das!" sagt Andi. Er versteht es wirklich, denke ich. Er kichert, er sieht mich an, ein bißchen zärtlich, ein bißchen nachsichtig.
Seine Feder huscht übers Papier. Ein Fehler, ein Gebrüll.
„Hör auf!" rufe ich empört. „Du erschreckst mich ja! Wie kannst du so unbeherrscht sein!"
„Das bist du doch auch, Mutti!" sagt er freundlich. Eben hat er seinen Fehler verbessert.
„Ich bin nicht so schlimm wie du! Auch wenn ich mal schimpfe!" verteidige ich mich.
„Soll ich dir was sagen? Du bist noch schlimmer! Du darfst sogar hauen!"
Er packt seine Schulsachen ein. Er ist fertig. Er erwartet keine Antwort von mir. Was soll man groß diskutieren? Er hat die Wahrheit gesagt. Ich muß sie verdauen.

Lilli pellt Kartoffeln. Sie kann es am besten mit den Fingernägeln. Mit dem Messer ist es zu umständlich.
Wir sind alle schrecklich gespannt. Heute ist der 42. Tag. Heute müß-

te das Sträußchen geboren werden, wenn es sich an die Zeiten hält, die im Buch stehen.
Die Jungen wollten gar nicht in die Schule gehen. Steffen meint, wenn er das große Ereignis verpaßte, habe sich die ganze Warterei nicht gelohnt.
Ich habe den Eindruck, es dauert noch ein Weilchen, bis die Schale bricht. Es ist nicht so einfach, von innen her die Schale aufzuhacken.
„Holst du dir ein neues Ei, wenn dieser Strauß fertig ist, Mami?" fragt Lilli.
„Oh nein."
„Schade. Ich finde eine Mama, die brütet, prima."
„Ich bin doch auch ohne Ei prima?" frage ich.
„Ja, aber dann muß ich immer hinter dir herlaufen, du hast so viel zu tun, du guckst mich gar nicht an."
„Das war früher!" sage ich.
Lillis kleines Gesicht ist sehr schön. Ich fühle ihre Schönheit, sie entzündet Wärme in meinem Körper, überall. Mit Steffen und Andi ergeht es mir genau so. Die Wärme in meinem Körper macht mich fröhlich. Ich habe nicht mehr so viele Sorgen, was wohl sein wird, jetzt, da ich mit dem Brüten fertig bin. Ich habe eine Ahnung, was ich tun muß: Alle Empfangsstationen meines Körpers werde ich einschalten, so werde ich die Signale ihrer Bedürfnisse auffangen und verstehen. Ich werde auf sie eingehen und sie erfüllen. Ich werde auch meine eigenen Bedürfnisse allmählich verstehen und erfüllen. Ich werde den anderen deutlich sagen, was ich brauche, was ich von ihnen will. Ich bin sicher, sie werden es mir geben, weil wir glücklich sein werden. Glück macht freigebig.

Lilli und ich decken das Ei schön zu und gehen in die Küche. Wir machen Kartoffelsalat aus den Pellkartoffeln.
Gegen 11 Uhr fängt es an zu klingeln bei uns. Sieben oder acht Kinder stehen vor der Türe und wollen den Vogel Strauß sehen.
„Kommt morgen wieder! Er sitzt noch drin im Ei."
Nachbarn erkundigen sich, völlig fremde Menschen stehen vor der Tür. Wir hätten Andi und Steffen beinahe ausgesperrt, weil wir die Klingel einfach nicht mehr beachteten. Steffen malt ein Schild: „Bitte nicht klingeln. Wir geben die Geburt unseres Vogels Strauß bekannt!"
Wir warten und warten. Jeder legt von Zeit zu Zeit das Ohr an die Eischale. Jeder hört etwas. Jeder glaubt, gleich ist es soweit. Wir essen Kartoffelsalat und heißgemachte Würstchen zu Mittag.

„Wenn das Küken schon da wäre, könnte es von meiner Wurst ein Stück bekommen!“ sagt Andi.

„Du bist blöd! Man gibt doch einem Baby keine Wurst zu essen.“ Steffen ist gereizt. Wir sind alle gereizt.

Es klingelt schon wieder. Diesmal ist es Peter, der nach Hause kommt. Er ist müde.

„Gut, daß diese irre Geschichte jetzt zu Ende ist. Ich möchte wieder als normaler Mensch in einer normalen Familie leben.“

„Also, ich muß sagen, daß ich traurig bin, daß es zu Ende geht.“ Mich überschwemmt ein Gefühl der Auflösung, der Fremdheit, nicht als Trauer, eher als Zorn.

Jetzt lasse ich mich auf einen Streit ein.

Diesen Augenblick sucht sich das Sträußchen aus, um mit einem deutlichen „Knacks“ das erste kleine Stück aus der Schale herauszubrechen.

Peter legt begütigend seinen Arm um meine Schulter. Wir sehen mit an, wie sich der Vogel freimacht. Keiner hatte sich ein Bild von ihm machen können. Wir finden ihn schön.

Ja, er ist wirklich schön. Er kann sich noch nicht von der Stelle bewegen. Er sitzt zwischen den Scherben seines Eis. Er ist feucht und schüttelt sich. Seine Augen sind blank und groß. Aber er sieht uns nicht. Er ist so groß wie ein erwachsenes Huhn, wie er da so sitzt, die langen Beine unter sich gefaltet.

Er ist hilflos.

Ich erlaube den Kindern nicht, den kleinen Vogel sofort anzurühren, wohl dürfen sie die Eischalen wegräumen und alte, wärmende Lappen um ihn herum legen. Steffen besorgt das. Er spricht mit ruhiger Stimme mit dem Sträußchen, und plötzlich antwortet ihm eine piepsige Stimme.

„Wie Weihnachten!“ sagt Andi, „wenn alle Wünsche in Erfüllung gegangen sind.“

Ich bin verwickelt in ein Knäuel merkwürdiger Gefühle, sie haben nichts mit Weihnachten zu tun, sind aber doch fast alle glücklicher Art. Ich bin sogar stolz. Ich werde also aufhören zu brüten, aber ich werde nicht aufhören zu spinnen. Ein bißchen Spinnen gehört zum Glück.

Nachtrag:

Für diejenigen, die es interessiert, ob es überhaupt möglich ist, ein Straußenei im Bett durch Körperwärme auszubrüten, gebe ich den Inhalt eines Briefes wieder, den Andis Schulklasse vom Zoodirektor der Stadt erhalten hat:

Liebe Kinder der 3a!
Es ist uns kein Fall bekannt, bei dem durch Bett- und Körperwärme ein Straußenei erfolgreich ausgebrütet wurde. Allerdings ging kürzlich ein solcher Fall durch die Presse. Wir halten die Meldung für zweifelhaft. In unserem Zoo wird eine Brutmaschine benutzt, da sich die Straußeneimutter nicht um ihr Ei kümmert. Wir versuchen, die natürlichen Bedingungen herzustellen, starke Hitze am Tage, Abkühlung bei Nacht. Wie Ihr vielleicht wißt, ist das Straußenei, das offen im Wüstensand liegt, tagsüber der Sonnenstrahlung und nachts der Kühle ausgesetzt.
Wir hoffen, daß wir Euch mit dieser Antwort geholfen haben.

Mit freundlichen Grüßen . . .

Vertrauensarzt

Ich muß zu einem Arzt gehen. Ich möchte einen Arzt finden, zu dem ich Vertrauen haben kann. Wie findet man einen Vertrauensarzt? Ich weiß es nicht. Ich versuche mein Glück. Ein Hals-Nasen-Ohren-Arzt hat sowieso nur Laufkundschaft. Was kann man haben außer Stirnhöhlenvereiterung, Mandelentzündung oder Schwerhörigkeit? Ich habe etwas im Hals, tief unten im Hals, man kann im Spiegel nichts sehen, keine Eiterstippchen, keine Rötung. Ich rauche zuviel. Es werden die Bronchien sein.

Auf dem Weg zur Post komme ich an einem Schild vorbei: Hals-Nasen-Ohren-Arzt. Das Haus ist alt. Das Schild ist alt. Neben dem Eingang eine hypermoderne Apotheke. Ich kann die Schmerzen noch ertragen. Mit ein paar Lutschpillen ist es getan. Wozu brauche ich einen Vertrauensarzt?

Wirklich, ein altes, schäbiges Haus, mit Bohnerwachs gepflegt, Farbe hätte den Wänden gutgetan. Praxis 1. Etage.

Das Fenster auf dem Treppenabsatz zerlegt ein Stückchen Himmel in vier Teile, das hölzerne Treppengeländer ist kühl an meinen Fingern.

„Hier klingeln!" Ich klingele. Ein Summton zeigt an: ich darf eintreten. Hier ist alles sauber, aber alt und unfreundlich. Ich sollte wieder gehen.

Der Arzt steht im Türrahmen seines Behandlungszimmers und ruft mich herein.

„Welche Krankenkasse?" Ich sage es ihm. Er hat keine Sprechstundenhilfe. Ich stehe mitten im Raum, schaue mich um: kein weißblitzender medizinischer Maschinenpark, nein, eine braune Praxis, abgeschabtes, braunes Leder auf dem Behandlungssessel, brauner Schreibtisch, vergilbte Bilder.

„Bringen Sie diese Nummer unbedingt bei der nächsten Konsultation mit!" sagt er. Ich nehme ein Stückchen Pappkarton, auf dem die Zahl „234" steht.

„Nehmen Sie Platz!" sagt er streng.

„Wo fehlt es?" fragt er, als ich ihm gegenübersitze, sehr dicht, mir viel zu dicht. Er biegt eine große Lampe zurecht, so daß ich mitsamt allen Poren gesehen werden kann, selbst aber geblendet bin. „Es ist der Hals!" Ich fühle mich deprimiert. Ja, ich habe Schmerzen, ja, ich habe das schon länger, ein paar Wochen. Ja, ich rauche. „Früher", sagt er plötzlich, „da sah man einmal im Monat in einen Hals und wußte, da wächst Krebs. Heute passiert das einmal in der Woche."

„Wie sieht es bei mir aus?" frage ich.

„Schlimm, sehr schlimm."
„Was ist es denn?"
„Eine Kehlkopfentzündung", sagt er düster. Knipst plötzlich das Licht aus. Wollte er nicht Kehlkopfkrebs sagen?
Der Arzt geht weg. Ich sitze in dem erhöhten Stuhl.
„Keine Zigaretten mehr. Alles lau und flau! Nichts Heißes, nichts Kaltes, keine Gewürze. Nehmen Sie diese Tropfen. In drei Tagen muß ich mir die Entwicklung ansehen. Vergessen Sie Ihre Nummer nicht!"
Ich hätte gerne gefragt: „Was für eine Entwicklung?" Aber ich bin schon draußen im Wartezimmer. Es ist ganz leer. Es ist still. Alle Türen geschlossen.
Was hat er gesagt? Jede Woche? Jede Woche ein Kehlkopfkrebs? Es ist eine Entzündung. Mein Hals schwillt von innen an. Ich kann nicht schlucken.
Im Hausflur sind rote und weiße Fliesen zu einem großen sechseckigen Muster verlegt. Mehrere Fliesen sind zersprungen. Es stört die Ordnung des Musters. Die Harmonie ist verwackelt. Ich trete nur auf die heilen Fliesen.
Gleich neben der Haustüre liegt die Apotheke, die so modern ist, daß sie wohl auch noch im Jahre 2000 neu wirken dürfte. Hier ist in leise rollenden Schubfächern Heilung für alles gespeichert. Die Atmosphäre läßt an Kunst und Wunder glauben. Hier ist das Mögliche und Unwahrscheinliche machbar. Ein Trost für mich. Man wird mir verkaufen, was meinen Hals frei macht, die Schmerzen vertreibt.
Ich gebe mein Rezept ab.
„Das müssen wir herstellen!" sagt die Apothekerin. „Es dauert nicht lange."
Anstatt der glatt verpackten, mit Angaben über Indikationen und Kontraindikationen versehenen Medikamente bekomme ich eine kleine, braune Flasche, ein rotes Schildchen wird aufgeklebt, mit meinem Namen versehen, dreimal täglich 20 Tropfen. Damit will er den Teufel austreiben? Es muß sich doch um eine harmlose Kehlkopfentzündung handeln. Für Augenblicke bin ich getröstet.
Auf der Straße ist Mai, ein grünes Wetter. Selbst in der Großstadt, selbst auf einer Hauptverkehrsstraße zur Verkehrsstoßzeit fühle ich: Mai. Neckisch wie Pusteblumen, die in der Nase kitzeln. Statt Tulpen rote Autos, statt Wiesen grüne Autos, statt Vergißmeinnicht blaue Autos, statt Goldregen gelbe Autos, alle glänzend im Lack, auch der Großstadtfrühling zeigt seine Blüten.
Was verliere ich denn? Alles. Das ist gewiß. Meine Sorgen um die Figur, meine Not mit den Falten im Gesicht, den geheimen Ärger, nicht

mehr jung zu sein, all diese Ängste um heute und morgen, um Gewinn oder Verlust. Und alle Fragen werden gegenstandslos: Was koche ich morgen? Wie bezahlen wir den nächsten Urlaub? Was ziehe ich zum Abschlußball meiner Tochter an? Nicht mehr wichtig, was ich wähle, was ich wünsche, was ich hoffe.

Ist es schon soweit? Nein, sicher nicht. Ich finde mich vor meinem vertrauten Gemüseladen und suche sorgfältig den Kopfsalat für unsere Mittagsmahlzeit.

Was verliere ich: den Stolz über die frischgeputzte, schöne Wohnung, die Freude an den Lupinen in der Vase mit ihrer anmutigen Haltung, die Zärtlichkeit, die ich empfinde für meinen großen Sohn, den Spaß, im Schlußverkauf die besten Einkäufe gemacht zu haben, die Augenblicke der Seligkeit, wo Geben und Nehmen eins sind. Alle Widersprüche lösen sich auf. Geht es zu Ende mit mir?

Natürlich denke ich dies nicht im Ernst. Wenn, so würde ich doch den Schmerz fühlen! Verlieren kann keiner gut, schon gar nicht sich selbst.

Nein, dies ist spaßeshalber, versuchsweise. Fühlen, ob es weh tut. Es schmerzt gar nicht sehr. Ich weiß, warum. Ich glaube nicht daran. Es ist zu unwahrscheinlich. Vielleicht kommt erst morgen der eine zu meinem Vertrauensarzt, auf den er jede Woche wartet, damit seine Statistik stimmt.

„Darf es etwas mehr sein?“ fragt die Verkäuferin.

„Ja, es ist gut so!“ sage ich, obgleich ich sonst Wert auf genaues Abwiegen lege. Ich rechne sparsam mit meinem Haushaltsgeld. Mir ist Sparsamkeit in Fleisch und Blut übergegangen, aber eigentlich ist sie mir verhaßt. Nie dürfen die Sachen kosten, was sie kosten. Mit Sonderangeboten kann man seine Wünsche nicht erfüllen.

Die werden sich wundern, denke ich plötzlich gehässig, wenn sie mal selbst haushalten müssen. Das wird ihnen die Augen öffnen, wenn ich mal nicht mehr da bin!

Das ist ein Spielchen: Vermissen sie mich wohl? Na, was sagt ihr denn dazu, daß ich sterben werde?

„Wir müssen uns damit abfinden!“ Habe ich mir diese Antwort gegeben? Was für eine schöne, glatte Sparsamkeitsantwort. Sie tut mir weh. Meine Tasche ist ziemlich schwer. Immer kaufe ich zuviel ein. Und diese lange Straße!

Womit habe ich mich nicht schon alles abgefunden! Auch an das Letzte würde ich mich gewöhnen, wenn es unabänderlich wäre. Bin ich nicht schon fleißig dabei, im Elend noch Tröstliches zu finden, damit ich mich abfinde?

Und jetzt nehme ich meine Medizin.

Ich habe dem Arzt mein Vertrauen und meinen Krankenschein gegeben. Was macht er damit? Er schüchtert mich ein, er erschreckt mich, er orakelt mir das Ende vor, ein Ende vielleicht jetzt.
Ich wasche den Salat unter fließendem Wasser. Es ist kalt. Ich verkrampfe mich, ich habe Angst, ich habe Angst um mich. Ich schlucke mit meinem schmerzenden Hals. Ich bewege meine Zehen in den warmen Pantoffeln. Ich bin wichtig. Für mich bin ich wichtig: ich sehe mich um, lese von den Lupinen ab: blau. Sie sind blau, die Lupinen, ich fühle es. Und jetzt, da ich den Wasserstrahl über meine Hände fallen lasse, den sauberen Salat abschüttele, bin ich es, die fühlt, den Wasserkran spürt, naß und kalt, glatt und blank. Ich, die ich mir gehöre, die ich mich nie so sonderlich geschätzt habe, die ich mich bedenkenlos und selbstverständlich für mein Eigentum hielt, ich werde mich verlieren. Das, was fühlt, sieht, tastet, atmet, riecht, denkt, liebt, werde ich verlieren. Mein Körper verläßt mich, läßt mich im Stich. Er sollte Ewigkeitswert haben, ewig währen, damit ich nicht zugrunde gehe.
Ich dramatisiere den Fall. Noch ist das Urteil nicht gesprochen. Der Arzt meines Vertrauens hat den Tod nur beschworen, den Teufel an die Wand gemalt. Es ist ein gemalter Teufel, der den echten Teufel verscheuchen soll. Ich gewöhne mir das Rauchen ab. Jetzt, zu dieser Stunde.
Vorsichtig schlucke ich. Ich habe den Teufel erkannt. Ich bin gewarnt. Nun bitte schön, nehmt das Gespenst wieder weg vor meinen Augen! Es hat seine Schuldigkeit getan. Ich werde mein Leben ändern. Ich ändere es schon. Hier, ich werfe meine Zigaretten weg. Wie kann ich mich so wichtig nehmen?
Lau und flau hat der Arzt gesagt. Nun, ich esse lau und flau. Ich will jetzt etwas für mich tun. Was kann ich für mich tun? Ein Gedanke, an den ich gar nicht gewöhnt bin. Was könnte das sein? Fliegen? Ich wollte immer schon mal fliegen. Ein Flugzeug besteigen und fliegen. Das sollte ich machen. Gleichgültig, ob die Zeit abgezählt ist oder unbegrenzt.
Wie leicht kann mir passieren, daß aus meinen Wünschen die Luft entweicht. Das ist mir schon oft so gegangen. Luftballons sind meine Wünsche, ich habe sie von anderen zerstören lassen, die schienen es besser zu wissen. Ich habe meine Wünsche nicht gehütet, bin nicht schnell genug mit meinen Luftballons aufgestiegen, weggeflogen, selbständig geworden.
Ganz gleich wann, ich werde sterben.
Ich bin gewöhnt, einfache Sachen zu denken: Ich sollte einen schönen Kartoffelsalat machen, wenn die Eltern zu Besuch kommen.

Oder: wenn ich nächste Woche das alte Schränkchen zum Sperrmüll gebe, bekomme ich gewiß ein neues.
Ich weiß nicht, was die Welt zusammenhält. Ich kenne mich nicht mit der Gerechtigkeit aus. Glauben entspringt den Wunschvorstellungen und unserer Angst. Und Gerechtigkeit ist da, weil wir sie machen, eine menschliche und unvollkommene Gerechtigkeit. Natur kennt keine Gerechtigkeit. Die Schwierigkeiten des Lebens werden durch Auslese geregelt. Ein schreckliches Wort. Bleiben die Ausgelesenen am Leben, oder sind es die Ausgelesenen, die ausgespuckt werden?
Redensarten: Der hat nichts vom Leben!
Was hab' ich vom Leben? Ich habe gewuchert. Ich habe ein Netzwerk über mich und meine Umwelt gespannt. Daran erkennt man, daß es mich gibt. Ich habe doch die Gardinen genäht, die Kacheln und Nickelarmaturen im Bad regelmäßig geputzt. Ich habe doch die Geranien gezogen, die jetzt Knospen bekommen. Und die Kinder? Bin ich nicht durch Haare-kämmen, Nägel-schneiden, Knöpfe-annähen, Kakao-kochen, Hustensaft-verteilen, verkramte Zirkel wiedersuchen und all die vielen Ermahnungen an ihrem Dasein beteiligt? Und ihr Gesicht streicheln, Hemd in die Hose stecken, Zensuren loben, das sind meine Krallen, damit halte ich fest, was ich vom Leben habe. Die Linien ihrer Wangen, der Schmutz unter ihren Fingernägeln, alles das, das läßt mich nicht los.
Wie alt bin ich eigentlich? Nicht nach der Zahl der Jahre, sondern danach gemessen, wie ich lebe?
Ich sehe mich: ich lebe wie eine steinalte Frau. Keine Wünsche, die nicht ins allgemeine Anpassungsschema passen, keine Anfänge, Aufbrüche, neue Wege, keine Gefühlsbewegungen mehr, abgesehen von den unrentablen Aufregungen über eine verlegte Fahrkarte, einen unfreundlichen Nachbarn, eine zerbrochene Tasse und die abgeklärte Freude über eine gelungene Torte.
Lau und flau! Das ist keine neue Regel für mich. So lebe ich seit Jahren, nicht weil es ein Gebot der Gesundheit war, aus Bequemlichkeit, aus Faulheit.
Statt Lebenslust Gemütlichkeit, statt Erlebnissen Fernsehen, statt Hingabe Versorgung, statt Fülle Sparsamkeit — Resteverwertung. Ich habe mich selbst verwertet, weil ich nicht so wertvoll bin. Ich fange an, laut zu denken. Ich habe nichts übrig für Spiegelgeschichten, niemals sind sie ohne Verzerrungen.
Ich zähle, was mein ist: mein Kamm, mein Parfüm, mein Bett, meine Wäsche, meine Dinge — was nenne ich da bloß? Alles gehört zum Haushalt, auch Vasen, der Glastisch, die Tulpen — morgen werde

ich sie in den Dreckeimer werfen, meine Küche, meine Maschinen darin. Meine Wohnung, der selbstgeknüpfte Teppich, die Bilderreihe, die ich aus dem japanischen Kalender herausgenommen und selbst gerahmt habe. Ich habe sie oft betrachtet und mir vertraut gemacht, so mögen die modernen Ägypter mit ihren Pyramiden leben: Vertrautheit verbirgt die Fremdheit. So leben wir mit unserem Ehepartner. Vertrautheit lügt uns hinweg über des anderen Anderssein. Die Tage sind langsam. Die Zeit scheint still zu stehn, damit ich Zeit habe zu denken. Ich würge an dieser Kehlkopfentzündung. Zunächst versuche ich, sie klaglos zu schlucken. Ich habe schon viel hinuntergeschluckt, warum nicht auch dies?

In der Nacht träume ich, ich hätte sie hinausgewürgt, ausgespuckt. Ein mächtiger, alter, übler Kloß ließ sich unter heftigen Schmerzen nach draußen bringen. Ich werde wach und bin in Schweiß gebadet. Ich schlucke und schlucke. Mein Hals tut noch weh, aber es geht mir besser. Ich mußte den Kloß von mir geben. Weg damit, ausspucken. Wie ekelhaft ist mir manches gewesen, ich habe es geschluckt, wie eng ist mir der Hals von all dem Schlucken geworden. Ich habe geschluckt.

Heute gehe ich allein im Park spazieren. Das habe ich noch nie gemacht. Früher ging ich mit den Kindern zum Spielplatz, sonntags schnappten wir zusammen ein bißchen Luft, manchmal nur mein Mann und ich, manchmal die Kinder und ich. Niemals ich.

Es ist immer noch Mai, ein reichlich aufdringlicher, übermütiger, lustiger, duftiger Mai. Keine Sparsamkeit, keine Bescheidenheit, keine Zurückhaltung. Probeweise lache ich vor mich hin. Probeweise kokettiere ich mit dem Parkwächter, der schon die Kinder mit seinem Krückstock verjagt hat. Er ist noch rüstig und findet Wohlgefallen an mir, während ich vorbeigehe.

Manches habe ich geschluckt, was ich gar nicht bekommen habe, gar nicht bekommen konnte.

Altmodische Tropfen gibt mir ein altmodischer Arzt mit Spezialistenaugen unter dem glänzenden Spiegel. Er offenbart mir meine Krankheit und reißt mich aus mir selbst heraus. Wieviel Leben ich noch habe, kann er nicht wissen. Ich weiß es auch nicht. Aber ich werde einiges ausspucken. Meine stumpfe Bescheidenheit, meine Sparsamkeit, meine Verwertungsphilosophie. Ich werde nicht mehr so bescheiden sein, daß ich meine Wünsche hinunterschlucke und zum Schluß nicht mehr weiß, ob ich je welche hatte. Und Worte, die ich auf der Zunge habe, will ich nicht mehr schlucken, und die Leere, die übrig bleibt, werde ich nicht mehr schlucken.

Die drei Tage sind vorbei! Die Medizin aus der kleinen braunen Flasche ist verbraucht. Ich bin auf dem Weg zu dem alten Doktor in sei-

ner finsteren Praxis. Ich habe vor, ihm Dankeschön zu sagen. Schließlich hat er meine Krankheit erkannt und ihre mörderische Fähigkeit, Lebendiges heimlich zu überwuchern bis zum Tod durch Ersticken.
Er wird sich wundern, wie gut ich seine dunklen Andeutungen verstanden habe. Das Wartezimmer hat hohe, schmale Fenster. Ich blicke auf die belebte Straße. Der Lärm ist abgeschirmt. Ich habe die Pappdeckel-Nummer 234 in der Hand. Ich bin allein im Wartezimmer. Ich muß lange warten. Vielleicht vermutet er sein Wartezimmer leer. Ob man kein Vertrauen zu ihm hat, ihn nicht versteht?
Er öffnet die Tür zum Sprechzimmer.
„Ihre Nummer!" sagt er ernst.
„Nehmen Sie Platz! Also Nummer 234!" Er betrachtet die Spalte im Hauptbuch, die für mich reserviert ist. Hier steht die Diagnose, die verordnete Medizin, zusätzliche Therapie: Schock.
Er rückt seinen Spiegel zurecht, setzt sich dicht vor mich hin, knipst die Lampe an.
Mein ganzer Mund ist voll Spucke. Ich muß schlucken.
„Nun lassen Sie mal sehen!" sagt er. Ich muß noch dreimal schlucken, ehe ich den Mund öffnen kann.
„Es sieht sehr viel besser aus!"
„Sie haben mir Angst eingejagt!"
„Es hat genützt."
„Ja, das hat es."
„Es besteht die Gefahr des Rückfalls. Sie sollten sich unter Kontrolle halten. Ich möchte Sie in drei Wochen wieder sehen."
„Ich danke Ihnen, Herr Doktor."
„Ja, ja", antwortet er fast freundlich. „Denken Sie daran: lau und flau. Lieber spucken als schlucken."
Das Plattenmuster im Flur, das mit den zerbrochenen Fliesen, ärgert mich. Ich werde eine Reise machen. Auch zerbrochene Muster haben eine Botschaft. Mit einem Dampfer die Donau entlang, denke ich. Den Sprüngen und Rissen der Fliesen weiche ich geschickt aus. Bis Budapest, bis ans Schwarze Meer.
Was fallen mir für Namen ein: Konstantinopel.

Alte Schachteln

Das Schönste waren die Kaffeedosen. Es war die Frage, welche sie für das Geburtstagspaket ihrer Tochter wählen sollte. Sie überblickte die Auswahl: Da gab es Dosen wie aus Delfter Porzellan, in englischem Altrosa, Dosen mit goldenem, ziseliertem Deckel, flache Dosen, rechteckig, hohe, runde Dosen, Klarsichtdosen und solche, die mit Kunstleder bezogen waren in Rot, in Schwarz, in Grün. In der Küche standen die wertvollsten Stücke als Schmuck auf dem Schrank und auf der Nähmaschine. In der einen verwahrte sie Bänder, eine richtige Schmuckschatulle mit einem kleinen Vorhängeschloß, in dem der winzige Schlüssel steckte. Ja, diese Dose würde Sonja gefallen, sie war schlicht, ohne goldenen Aufdruck, dunkelgrün von außen, innen ausgeschlagen mit hellgrünem Seidenstoff. Sie öffnete die Schatulle und holte die gebügelten, sauber aufgewickelten, mit einer Stecknadel zusammengehaltenen Schleifen und Bänder heraus. Alle Farben und Breiten sortiert, Bänder für weihnachtliche Päckchen, Bänder für eine Kleinigkeit und lange Schleifen für ein großes Geschenk, dünne Goldkordeln und die prunkvollen, duftigen Gebilde, die sie von den teuren Ostereiern ihrer Tochter abgelöst hatte. Für all diese Schätze mußte sie nun eine neue Dose wählen, vielleicht am besten zwei, dann ließ sich eine übersichtliche Ordnung erreichen. Sie konnte sie als Pendant aufstellen. Auch das würde Sonja gefallen mit ihrem Sinn für Strenge, Klarheit, Ordnung. Man konnte natürlich nicht wissen, wann sie einmal käme. Seit einigen Jahren ließ es sich nicht mehr einrichten, denn es war praktischer, wenn sie, die Oma, zur Familie ihrer Tochter reiste. Sie hatte eine Hoffnung: Wenn in diesem Jahr eine Gasheizung bei ihr installiert würde, dann war das mit viel Dreck und Arbeit verbunden, das verhinderte ihre Reise, und Sonja mußte zu ihr kommen.

Die alte Frau hatte ihre Wahl getroffen, alle Schleifen, Bänder, Kordeln und Schnüre brachte sie in zwei Dosen mit Delfter Dekor unter. Sie machten sich hübsch auf der alten Nähmaschine.

Die Heizungsmonteure kamen an einem regnerischen Sommermorgen. Es war viel zu kalt für die Jahreszeit, sie fühlte sich gar nicht wohl. Sie ließ die beiden Männer herein und merkte gleich, daß sie unwillig auf ihre leider etwas überfüllte Wohnung reagierten.

„Aber Oma, wo soll denn die Heizung hin? Unter die Decke?" fragte der eine.

„Das muß alles weg, das vor dem Fenster!"

„Wollen Sie denn sofort anfangen?" fragte sie.

Die Männer blickten sich an.

„Also gut, wir kommen am Nachmittag wieder. Sehen Sie zu, daß Sie die Fensterwände leer kriegen. Bei dem Schrank fassen wir mit an, aber die Flaschen, die Dosen und Zigarrenkisten müssen Sie schon selbst wegräumen!“

Sie machte sich an die Arbeit. Sie begann bei den prunkvollen Pralinenschachteln, die so viel Platz wegnahmen. Aber wohin sollte sie sie bringen? Auf den Tisch. Der Tisch erwies sich als zu klein, und so baute sie Türme von Schachteln und Dosen auf die Erde. Sie ermüdete schnell und empfand Schmerzen im linken Arm. Sie mußte eine kleine Pause machen.

Aus allen Ecken geholt, unordentlich gestapelt, verstaubt, erschienen ihr plötzlich die vertrauten Stücke fremd. War das die Wirklichkeit, die am Ende herauskam, vergilbte alte Schachteln ohne Gebrauchswert? Ein jedes Teil, das so makellos schien, sinnlos, wertlos? Einmal gebraucht hieß unbrauchbar? Einmal benützt hieß unnütz? Nein, nein, dachte sie, was leer ist, enthält immerhin noch Hoffnung. Es wird noch etwas kommen, das alle Leere auf glückliche Weise in Erfüllung verwandelt. Sie begann, mit ihrem Staubtuch den Schmutz des Wartens von rosa Nelken und lieblichen Katzengesichtern abzuwischen. Sie machte es nur oberflächlich, denn sie mußte sich noch mit den Flaschen beschäftigen. Wohin damit? Dann fiel ihr die Lösung ein: Wozu hatte sie die vielen Plastiktüten gesammelt? Alle Flaschen in Tüten und die Tüten unters Bett schieben! Sie wollte die Tüten holen und sah, daß sie sich mit den Schachteln die Tür zugebaut hatte. Sie ließ sich nicht öffnen. Eine unwiderstehliche Übelkeit nahm ihr den Atem, sie fühlte sich stürzen, sie konnte nichts dagegen tun.

In Sonjas Gesicht über roten Rosen war ein Zug, an dem sie ihr kleines Mädchen erkannte. Und Sonja sagte: „Ich bin da, Mutter!“

Die alte Frau lächelte in ihren Kissen. So, wie alles gekommen war, war es gut. Die ersten Augenblicke waren ohne Fragen, ohne Schwierigkeiten, ohne Angst vor dem Tod, Augenblicke der Erfüllung, in denen erreicht war, was man anzustreben fast vergessen hatte. Während Sonja sich nur still verhielt, öffnete sich die alte Frau mit vollem Bewußtsein ihrem Glück.

Sonja blieb bei ihr im Krankenhaus und ging erst spät in die Wohnung ihrer Mutter. Wenn sie auch erwartet hatte, eine gewisse Unordnung vorzufinden, das Chaos, das ihr entgegenstarrte, erschien ihr unbegreiflich. Beim Öffnen der Tür hatten die Monteure die Schachteln umgestoßen, viele hatten sich geöffnet und zeigten ihr leeres Inneres. Die bunten Deckel mit den Veilchensträußen, den gemalten Rosen, den goldenen Aufschriften und glänzenden Bändern ent-

blößten das Bedrohliche nicht einzulösender Versprechen. Sonja begann, weitere Dosen und Schachteln zu öffnen. Sie waren alle leer, nicht nur leer, weil eben der Inhalt verbraucht war, sondern sauber leer, als warteten sie darauf, mit Inhalt gefüllt zu werden. Sie waren für einen Zweck bestimmt, der noch nicht bestimmt war. Es gab nicht so viele Zwecke für so viele leere Dosen, keine Flüssigkeiten für so viele Flaschen, keine Verwendung für den gehorteten Innenraum all dieser Behälter. Sonja weinte vor sich hin. Sie ging endlich in die Küche, hier öffnete sie die Dosen auf der Nähmaschine, sie dienten zu etwas, sie enthielten etwas, Bänder und Schleifen, sauber aufgewickelt. Aber sie begriff sogleich, daß auch Bänder und Schleifen auf Verwendungszwecke in einer Zukunft warteten, die nicht mehr stattfinden würde. Es gab nicht so viele Dinge, die mit Schleifen zu binden, mit Kordeln zu schnüren, mit Rosetten zu schmücken waren. Hastig schloß sie den Deckel. Gewaltsam schüttelte Sonja die Verwirrung von sich ab und sagte mit harter Stimme: „Alles Plunder, das wird sich ändern.“
Sonja erfüllte ihre Aufgabe mit der ihr eigenen Aktivität. Sie verhandelte mit den Heizungsmonteuren, wann und wie lange sie in Mutters Wohnung arbeiten konnten, sie bestellte die Müllabfuhr, einen Anstreicher und einen Dekorateur, auch die Fenster sollten ein neues Gesicht bekommen. Am Nachmittag besuchte sie ihre Mutter im Krankenhaus, verbreitete einen Hauch von Frische und Zufriedenheit und kündigte an: „Ich werde deine Wohnung in ein Schmuckkästchen verwandeln, Mutter!“
Der Sperrmüllwagen sollte um zehn Uhr vorbeikommen, aber Sonja begann bereits um sieben in der Frühe, ihre großen Bündel nach unten zu schleppen, zuerst die Pralinenschachteln, dann die Kaffeedosen, die Zigarrenkisten, die Flaschen und Gläser. Als sie endlich fertig war, fühlte sie sich befreit von einem Alptraum und öffnete die Fenster weit. Die Sonne berührte den großen Müllberg mit ihrem Glanz. Der Deckel einer Kaffeedose schimmerte herauf wie pures, lauteres Gold, ein paar Schulkinder blieben stehen und musterten die ausgebreiteten Schätze mit sachkundigem Blick. Ein kleines Mädchen holte sich eben jene goldblitzende Dose, mußte sie aber aus dem Bündel zerren, und andere rollten lose auf den Bürgersteig. Nun entstand unten ein lachendes, lärmendes Durcheinander. Immer mehr Kinder stöberten in dem Berg herum, schnell entbrannte der erste Zank, Tauschgeschäfte entwickelten sich. Wer mit seiner Wahl zufrieden war, schleppte die Beute triumphierend davon.
„Das ist ja verrückt!“, dachte Sonja. Irgend etwas quälte sie beim Anblick dieses Schauspiels. Der mehr und mehr zerwühlte Haufen,

flatterndes Papier und die Scherben einiger Gläser erfüllten sie mit Widerwillen.
Wenig später war die Straße still und leer, keine Kinder mehr, kein Müllberg mehr, nur ein paar Scherben, ein paar Fetzen Papier, ein zerrissener Pappkarton. Sonst nichts, gar nichts.
„Erledigt!", dachte Sonja. Aber wie erledigt? Sie hatte das Gefühl, als habe man sie bestohlen und betrogen. Man hatte an sich gerissen, was irgendwie von Wert war. Nein, sie hatte es selbst leichtsinnig verschleudert, nun war alles fort, verschwunden.
An einem Freitagnachmittag wurde die alte Frau aus dem Krankenhaus entlassen. Eines war sicher. Sonja hatte die Wohnung in ein Schmuckkästchen verwandelt, wie versprochen. Die alte Frau schaute sich staunend um, bewunderte Teppichboden, Tapeten und Gardinen und freute sich über den Glanz ihrer alten Möbel. Sie sagte plötzlich: „Wo hast du nur all meine Sachen untergebracht?"
„Die Schachteln und die Dosen meinst du?"
Die alte Frau wußte schon Bescheid.
„Ich habe sie weggegeben. Die Kinder haben sie sich geholt. Ich hatte sie zum Abholen auf die Straße gestellt, und die Kinder haben sich alles geholt."
„Ach so", sagte die alte Frau. „Das hätte ich selbst schon längst tun sollen."
„Mutter", fragte Sonja, „was haben sie für dich bedeutet?"
„Ach, es waren nichts als leere alte Schachteln. Die Kinder werden etwas damit anfangen. Es ist schon gut so, es ist schon richtig so. Geh, koch einen Kaffee für uns, ich muß mich ein Weilchen hinlegen."
Sonja wußte die Antwort nicht zu deuten. Mutter schien nicht ärgerlich, also durfte sie erleichtert sein. Aber möglicherweise nahm die Mutter alles hin, was Sonja tat, ohne es zu kritisieren, dann aber blieb die Frage offen: richtig oder falsch? Während Mutter sich ausruhte, lief Sonja in eine Konditorei. Sie kaufte einen Kasten Pralinen. Sie wählte eine Schachtel, die mit Schottenstoff bezogen und deren Deckel mit einem Bambusknebel verschlossen war.
„Wie hübsch!" sagte die alte Frau nachsichtig. Sonja legte Mutters Hand an ihr heißes Gesicht. Es steckten ein paar Tränen in ihrem Hals, die sie nicht verraten wollte.

Die Goldhamster

Großstadt, Mietshaus, dritter Stock. Hier wohnt Frau Wagner, allein. Sie hat Nachbarn zum ,,Guten Tag"-Sagen, freundliche Nachbarn, aber sie ist allein. Sie kauft sich einen Goldhamster. Sie nennt ihn Karlchen. Karlchen verschönt ihre Abende, denn am Abend wird er munter. Sie läßt ihn aus seinem Käfig heraus, er versteht ihren Ruf, zutraulich schmiegt er sich in ihre Hände. Sie streut ihm sein Futter auf den Fußboden, damit er hamstern kann. Wie flink alles in seinen Backentaschen verschwindet, wie possierlich er die Sonnenblumenkerne schält, der kleine Kerl! Frau Wagner liebt ihn. Eines Tages faßt sie den Entschluß, ihm eine Gefährtin zu geben. In Karlchens Paradies zieht Emma ein. Emma hat ein paar weiße Flecken auf der Brust und einen unternehmungslustigen Charakter. Frau Wagner erlebt verdoppelte Freude an ihren Tieren, denn Karlchen besitzt Gemüt, Emma Witz.

Dann verschwindet Emma nach einem abendlichen Ausflug durchs Wohnzimmer und taucht nicht mehr auf. Karlchen muß heute allein schlafen und morgen auch. Wohl holt sich Emma die Backentaschen voll Futter, entwischt dann aber in ein Versteck. Zufällig findet Frau Wagner Emma schlafend zwischen drei winzigen Hamsterkindern im Bettkasten ihrer Couch. Aus der grünen Wolldecke hat Emma weiche Flocken gezupft und ein Nest gebaut.

,,Eine Familie!" denkt Frau Wagner entzückt, ,,eine richtige Familie. Das ist das Schönste, was es gibt!" Sie bringt es nicht über sich, Emma und ihre Kinder aus dem warmen Nest zu vertreiben. Erst später kauft sie einen zweiten und für die nachfolgenden Generationen einen dritten, vierten und fünften Käfig, aber da sind ihr schon ein paar Hamster abhanden gekommen. Sie weiß nicht mehr, ob alle vollzählig im Käfig eingesperrt sind, wenn sie abends zu Bett geht. Es ist ja nicht schlimm, daß sie der anwachsenden Hamsterfamilie nicht mehr Herr wird, Futter kann man ja ausreichend kaufen, schlimm ist nur, daß sie Karlchen und Emma nicht mehr erkennt. Welchen ihrer kleinen Freunde sie auch anschaut, allzu viele ähneln Karlchen aufs Haar, allzu viele haben weiße Flecken auf der Brust und können Emma sein, aber auch nicht. Sie ruft und lockt Karlchen bei seinem Namen, aber es kommen zehn oder gar zwanzig Hamster beim Klang ihrer vertrauten Stimme, alle sind seidenweich, possierlich und geschickt mit den kleinen Pfoten, wenn sie alle auf die gleiche Weise ihre Sonnenblumenkerne schälen. Unternehmungslustig wie Emma scheinen alle ihre Nachkömmlinge zu sein. Allmählich erobern sie sich die ganze Wohnung. Überall haben sie ihre Schlupfwinkel. Sie fressen sich Löcher in die Sessel und verschwinden im dunklen Innern, sie nagen Bücher hohl und bauen das Klavier zur Wohnung aus. Gelegentlich erschrickt Frau Wagner, wenn sie in einem ihrer Schränke in den Flocken zerfetzter Stoffe eine neue Hamsterfamilie entdeckt, endlich wagt sie nicht mehr zu putzen, denn auch in der Schachtel mit den Putzlappen nisten Hamster. Sie setzt die Waschmaschine nicht mehr in Gang; leise Krabbel- und Nagegeräusche versichern ihr, daß sie von innen bewohnt wird. Dabei sind all diese Hunderte von Hamstern lieb, freundlich und unaufdringlich.

Frau Wagner ist jetzt oft ratlos, denn ihre Wohnung wird mehr und mehr von einem durchdringenden Geruch durchzogen, der auch nicht weicht, wenn sie ihre Fenster öffnet. In ihrer Hilflosigkeit nimmt sie einmal einen ganzen Käfig voller Jungtiere mit auf einen Kinderspielplatz, um sie dort zu verschenken. Aber die meisten Mütter weigern sich, Goldhamster anzunehmen.

Endlich kommt es so weit, daß die Goldhamster an den Stellen, wo Heizungsrohre durch Fußleisten führen, Löcher durch Holz und Putz nagen und durch den Luftschacht im Badezimmer die Wohnungen unter und über Frau Wagner besuchen. Zuerst nehmen die Nachbarn das freundlich, mit Humor auf, denn sie haben keine Ahnung, wie übervölkert Frau Wagners Wohnung mit Hamstern ist. Sie bringen den Ausreißer zurück, tagsüber, wenn alle schlafen. Keiner sieht sie, doch erregt der scharfe Geruch einen unbestimmten Verdacht. Dann aber findet Familie Meier (in der Wohnung über Frau Wagner) eine Hamstermutter mit ihren Jungen in der Rückseite eines Sofakissens. Alle schlafen friedlich in den weichen Federn. Das Loch läßt sich nicht mehr reparieren. Bald darauf wird ein ähnliches Nest bei einer anderen Nachbarin entdeckt, und zwar im Flickkorb. Sie läuft schreiend durchs Haus und verlangt, daß diese Angelegenheit untersucht werde.

Niemand nimmt Frau Wagners Hamsterwirtschaft in Schutz. Der Hauswirt besteht darauf, daß alle Hamster abgeschafft werden müssen. An diesem Abend sammelt Frau Wagner all die Hamster, die auf Futtersuche durch ihre Wohnung spazieren, in ihre fünf Käfige. Sie betrachtet das Gewimmel, ob sie wohl Karlchen ausmachen kann, aber es gelingt ihr nicht, ihn zu identifizieren. Sie bringt die Käfige in verschiedene Tierhandlungen. Vier wird sie tatsächlich los, denn man lobt die Gepflegtheit und Gesundheit der Tiere. Den einen Käfig muß sie behalten. Sie läßt die Tiere zu Hause wieder frei, denn das kann sie nicht ertragen, sie so dichtgedrängt beieinander einzusperren. Vielleicht ist Karlchen noch dabei.

Frau Wagner ist zu dieser Zeit etwas durcheinander, ihre Gedanken verwirren sich. Nur weil sie ein bißchen liebt, ein bißchen Freiheit gewährt, verändert sich ihre ganze Umwelt. Sogar die Nachbarn behandeln sie unfreundlich und mißtrauisch. Sie hat doch nichts Böses getan? Sie versteht es nicht. Welchen Fehler hat sie gemacht? Wie kann es geschehen, daß, was sie liebt, sie in die Enge treibt? Daß es ins Uferlose wächst und ihr zum Verhängnis wird? Was ist an ihrer Liebe falsch? Eigentlich liebt sie nur Karlchen und Emma, aber all die vielen Hamster sind Karlchen und Emma, wenngleich nicht mehr als ihre Freunde, sondern als eine wachsende Macht, die sie allmählich an die Wand drückt.
Wieder und wieder tauchen Goldhamster im ganzen Haus auf, das verbittert. Der Hausbesitzer ergreift Maßnahmen. Ein Kammerjäger kommt. Er geht systematisch vor, spritzt Gift in alle Kamine und Luftschächte, er legt im Keller und auf dem Trockenboden Gift. In Frau Wagners Wohnung stinkt es fürchterlich. Der Kammerjäger vergipst die Löcher in den Wänden und verstreut überall giftige Mahlzeiten. Er gibt Frau Wagner den Rest und erklärt ihr, daß dies jetzt ihr Hamsterfutter sei, bis alle vernichtet sind. Ein paar Tage darauf finden die Hausbewohner eine lange Reihe toter Hamster im Treppenhaus, die Frau Wagner fein säuberlich, einen neben den anderen, Stufe für Stufe, zwei Etagen weit hinunter aufgereiht hat. Der Hausbesitzer schickt ihr die Kündigung.

Hausfrau

Ich sehe in den Spiegel. Ich weiß, das bin ich nicht wirklich. Ich habe ein Doppelkinn, meine Haut ist teigig, die Brauen sind blaß, ich bin zu dick. Ich bin viel zu dick. Niemals akzeptiere ich dieses Gesicht. Ich habe ein Innengesicht, ich erkenne es, wenn ich die Augen schließe. Ich glaube an dieses Gesicht, es müßte noch aus mir herauszuholen sein. Vielleicht könnte ein Fachmann es sichtbar machen. Ich stelle mir das so vor:

Ich gehe durch die belebten Straßen einer Großstadt, irgendwo liegen Leute auf der Lauer — Plötzlich sprechen sie mich an. Sie sagen:

„Wir haben Ihnen eine freudige Nachricht mitzuteilen: Sie sind von der Firma XY dazu auserkoren, die durchschlagende Wirkung ihrer Produkte zu demonstrieren. Willigen Sie ein, daß wir Sie verwandeln dürfen, Ihre verborgene Schönheit ans Licht bringen dürfen?"

„Ich habe auf Sie gewartet!" sage ich.

Die Leute verknipsen einen ganzen Film, um meine unvorteilhafte Erscheinung von jetzt festzuhalten. Das ist der Reklametrick: sie wählen jemanden, der zu dick ist, die falsche Frisur trägt, keine Schminke im Gesicht hat und auf flachen Absätzen läuft. Sie wählen jemanden, der geschmacklos gekleidet ist, weil es für Dicke keine Geschmacksfragen gibt (die werden einfach in große Schnittmuster gehüllt, froh, daß alle Stellen mit Stoff bedeckt sind), und dann erst verwandeln sie ihn in ein Wunder von Eleganz und Schönheit.

Das ist mein Wunschtraum. Ach, das träume ich oft. Ich weiß auch, wie es weitergeht: man walzt das Fett von mir ab, nein, knabenhaft werde ich nie, dazu habe ich zuviel Busen, aber wie wär's mit einer Figur á la Marilyn Monroe? Seht mich an: ohne Unterkinn, mit einer frischeren Haut bin ich schon auf dem Weg zur Schönheit.

Was alles mit mir aufgestellt wird! Jetzt sind die verschiedenen Bäder, Massagen, Gymnastikübungen dran und die Cremes — alle ohne Preisschild. Künstler arbeiten an mir: sie zupfen und tuschen, schattieren, lasieren, retouchieren, maniküren, ondulieren, schneiden und toupieren — fachmännisch. Sie begutachten ihr Werk — fachmännisch. Ich bin ihr Werk. Ich bin ganz passiv, liege zumeist in der Waagerechten, brauche mich nicht zu regen, ja es ist sogar verboten, unter den Masken Mienenspiel zu spielen. Ich gebe mich dem Prozeß der Verwandlung hin. Ich werde verwandelt. Sie verwandeln mich mit allen Mitteln der modernen Technik und Wissenschaft — raffiniert und kalkuliert. Meine Haut prickelt, ich schlüpfe aus den Fesseln, mein Atem geht freier, meine Bewegungen geschehen leicht und fließend. Endlich steckt man mich in Kleider, alle Kleinigkeiten dar-

auf abgestimmt, Schuhe, Handtasche, Hut, ein prächtiger Modeschmuck. Die Farben nicht nur zur Garderobe passend, sondern zu mir passend. Rot wird sorgfältig vermieden, man wiederholt die Farbe der Augen, also Blau.
Ich bin fertig. Man bewundert mich, stellt mich vor einen Spiegel.
Wer bin ich? Ich bin die ausgedachte Schönheit.
Ich studiere mich: Hat man mich zur Geltung gebracht? Stimmt mein Äußeres mit meinem Inneren überein?
Ich bin ein Meisterwerk, das Meisterwerk fremder Künstler, aber nicht ich. Ich erkenne ihre Handschrift — es ist eine Schablonenschrift — mich haben sie um mich verfehlt.
Ich bin, die ich vor mich hinlebe, für mich allein lebe — Hausfrau, aufs Land gezogen, im Eigenheim, mit zu großen Kindern, wortkarg. Mein Mann kommt nach Hause, er sieht mich nicht, wie er mich auch früher nicht sah. Jetzt schaut er die Fremde an in ihrem Glanz: „Ja, was haben sie denn aus dir gemacht? Wirst du nicht in diesem Aufzug zu fein sein, um die Bratkartoffeln aufzuwärmen?"
„Nein, ich bin nicht zu fein für irgendwas."
Ich bin nur zu schade für irgendwas. Ich müßte es herauskriegen, denn ich sehe unter meiner neuerworbenen Schönheit mein eigentliches Gesicht, mein Innengesicht. Ich erkenne es, wenn ich die Augen schließe. Ich sollte mein eigenes Kunstwerk sein.

Der Anfang

Eines Morgens wachte sie auf nach ausgiebigem Schlaf, sie fühlte sich sofort wohl in ihrer Haut, sie dehnte ihre warmen lässigen Glieder, schlaftrunken, schlafentspannt, ohne Schmerzen, ohne Gedanken, mit irgendeinem Liedchen im Kopf. Sie öffnete die Augen, sieh an, wie schön es regnet.

Jetzt fand sie auch den Text zu dem Liedchen: „Wenn ich morgens früh aufstehe und nach meiner Arbeit sehe, schau ich hin, schau ich her, ob da was zu tuen wär'."

„Ich lebe." Es war schamlos, sich so wohl in seinem Körper zu fühlen. Welch ein Glück, da zu sein, bloß eben da zu sein!

Es regnete, sie ging auf den Balkon, ließ die Tropfen in ihr Gesicht wehen. Sie war sich bewußt einer zärtlich tastenden Berührung.

Aufmerksam betrachtete sie den Baum vor dem Haus. Es war eine Platane, der Baum war nackt mit starken, stumpfen Ästen, von denen dünne Zweige ausgingen, Fühler in einer kühlen Morgenluft. Er war lebendig und — wenn nicht alles täuschte — wohlig und sicher ruhend in seiner Rinde, auch jetzt, auch im Winter. Er hielt stand, er wartete ab.

Sie lächelte. Dieser Morgen war ein Anfang. Sie wußte natürlich nicht, was für ein Anfang, ein Anfang von was? Sie schaute hin und schaute her, ob noch was zu tuen wär'. Zu tun hatte sie immer, Altvertrautes, täglich Wiederholtes, und schon begann sie, den Tisch leerzuräumen, es lagen nur ein paar Kleinigkeiten da und die vergessene Serviette, weiß, darauf ein silberner Teelöffel. Sie nahm wahr, daß das matte Silber auf der Serviette unbegreiflich schön war.

Nein, sie hatte keine Veranlassung, sich neu zu fühlen, es gab keinerlei Hinweis darauf, daß ein Anfang gesetzt werden könnte. Sie war eingespannt wie immer, verheiratet wie immer, Hausfrau und Mutter wie immer. Sie hatte noch nicht einmal eine neue Frisur, nicht einmal ein neues Kleid, obwohl sie eins gebrauchen konnte. Obendrein stand Weihnachten vor der Tür, ein Fest, das sie haßte wegen der tollen Erwartungen, die geweckt, aber nie, nie erfülllt wurden. Es hatte sich nichts geändert: sie lebte doch nicht von Erwartungen? Im Gegenteil, sie erwartete nichts mehr, was schon? Manchmal hatte sie gedacht, sie lebte ohne Hoffnungen, ganz ohne Hoffnungen. Das ging so weit, daß ihr Mann meinte, sie wüßte sich nichts zu wünschen, so war im Budget immer Platz für seine Wünsche. Nein, was sollte sie mit einem Brillanten? Zu Weihnachten stand ein Solitär zur Debatte oder ein Farbfernseher, weil ihr der Brillant, der ihres Mannes Idee gewesen war, zu gleichgültig war, um ihn gegenüber dem Fernseher zur

Geltung zu bringen. Aber auch das Gerät war ihr gleichgültig. Was sie wünschen würde, ließ sich nicht in Worte fassen, war unbestimmt.
Sollte sie nicht wieder ein bißchen berufstätig sein? Gut, ihre Familie war dagegen, aber sie stocherte in Gedanken in dieser Möglichkeit herum. Sie hätte dann nicht mehr die Termine der anderen zu überwachen, sondern nähme selbst Termine wahr! Wenn sie beobachtete, mit welchem Ernst Ehemann und die fast erwachsenen Töchter diese Termine verfolgten, mußte sie vermuten, daß sich außerhalb des Hauses das wirkliche Leben abspielte. Sie war nie draußen. Sie blieb zu Hause und sorgte für die Termine der anderen.
Sie wollte auch Termine haben. Ja, nun äußere doch einer einen solchen Weihnachtswunsch! Termine?
Wir können dir doch keine Termine unter den Weihnachtsbaum legen!
Also, nun spiel nicht verrückt!
Nein, nein, sie spielte ja nicht verrückt.
Was sie übrigens interessierte, das war Emanzipation.
„Mein Gott, nichts ist so widerwärtig wie eine emanzipierte Frau!" erklärte ihr Mann. Sie war gekränkt. Natürlich wollte sie nicht widerwärtig sein. Schon gar nicht sie! Ihr lag so viel daran, daß man sie nett, liebenswürdig und schön fand! Warum sagte niemand: „Begehrenswert ist eine Frau erst, wenn sie emanzipiert ist!" Oder: „Dieser Mann hat das große Los gezogen — seine Frau ist emanzipiert!" Da die Stimmung war, wie sie war, konnte sie sich nicht für Emanzipation ins Zeug legen, zumal sie nicht wußte, welche Schritte sie zu gehen hatte. An diesem Verzicht kaute sie lange herum. Und ob sie tatsächlich verzichtet hatte, wußte sie nicht genau.
Tatsächlich ging es ihr besser als ihrem Mann. Sie schaffte ihren Haushalt spielend. Sie hatte keinen Chef, der ihr im Nacken saß. Was sie falsch machte, konnte sie selbst wieder in Ordnung bringen oder vertuschen. Ihr redete niemand drein. Genau genommen nahm niemand Notiz von ihren Fehlern und Leistungen. Es war absolut gleichgültig, ob sie sich abrackerte oder die Hände in den Schoß legte. Emanzipation hatte vielleicht etwas mit Terminen zu tun, damit, daß etwas wichtig war, wichtig genommen wurde.
Es war schon eine Zeitlang her, als sie mit allen Konsequenzen begriffen hatte, daß sie nicht wichtig war. Gewiß zum Kochen, Putzen, Waschen, aber sie selbst? Sie machte viele Ansätze, um mit ihrem Mann darüber zu sprechen.
„So gut wie du es hast, möchte ich es auch mal haben!" sagte er, oder: „Komm, laß uns tauschen!" oder: „Aber sicher bist du wichtig,

mh?“ Nachts, meinte er. Es genügte nicht, nur nachts, tagsüber aber nicht wichtig zu sein. Es beleidigte sie.

Merkwürdig, wie dies an den Kräften zehrte, das verdrängte man lieber! Sie knüpfte einen Teppich, später einen zweiten. Und nun war da heute morgen ein neuer Anfang. So einfach müßte Emanzipation sein, dachte sie. Man wacht auf und ist frei. Man schaut hin, man schaut her, ob da was zu tuen wär'. Man schaut in den Spiegel und erkennt sich:

„Wahrhaftig, ich bin es!“ Man schneidet ein paar Härchen ab, ach, diese kleinen Schönheitsfehler, die man so ernst nahm, aber jetzt nicht mehr ernst nimmt, seit das Alter alle Linien verwackelt. „Nicht mehr ganz jung, aber immer noch ich!“

Als ihr Mann das Haus verlassen hatte und die Kinder in der Schule waren, noch vor dem Frühstück, ging sie noch einmal auf den Balkon. Es regnete, es regnete. Die Tropfen berührten ihr Gesicht zärtlich.

Der Job

„Es ist mir wirklich peinlich, Frau Doktor, daß mein Mann Sie geholt hat, diese Unordnung hier. Wissen Sie, ich war erst gerade nach Hause gekommen und als erstes ins Kinderzimmer gegangen. Es war gar nichts passiert. Die Kinder lagen in ihren Betten, die Kleine schlief schon, und der Junge war auch kurz vor dem Einschlafen. Ich war so erleichtert, daß wirklich nichts passiert war. Nur das Spielzeug lag verstreut herum. Als ich in die Küche kam, stand das schmutzige Geschirr vom Abendbrot noch auf dem Tisch. Die Wurst wird an der Luft so schnell trocken, ich wollte sie in den Kühlschrank legen. Ich dachte noch, sie hätten wohl für ein bißchen Ordnung sorgen können, da fühlte ich, wie alle Kraft aus meinen Beinen herausfloß, merkwürdig, als müßte ich dringend zur Toilette. Ich fühlte mich schlecht, so elend. Ich bin wohl umgefallen. Aber deshalb brauchte mein Mann Sie doch nicht kommen zu lassen! Ich bin ja schon wieder da . . ."

„Eigentlich nehme ich für nachmittags keine Termine an, nur für abends, ab halb sieben. Dann ist mein Mann zu Hause, ich habe das Abendessen vorbereitet. Er braucht nur noch dafür zu sorgen, daß die Kinder auch essen, sich die Zähne putzen und schlafen gehen. Er braucht ja auch seinen Feierabend. Aber heute habe ich einen Termin für vier Uhr angenommen, weil ich bei dem Kunden schon einmal war. Er rief an, und ein guter Abschluß schien mir sicher. Er hat ja auch abgeschlossen. Ich arbeite nämlich im Investmentgeschäft. Wir dachten, Patricia sollte in eine Ballettschule gehen, und der Junge wünscht sich Reitstunden, das heißt, er hat schon zwei Stunden genommen. Ob das eigentlich ein Vergnügen ist? Also ich meine ja, sie brauchten nicht alles genauso zu haben wie die anderen. Aber in Markus' Klasse sind zwei Freunde, die haben Reitstunden, na ja, er nun auch. Und das Haus! Mein Mann möchte ein Haus bauen. Ich frage mich oft: ist das nicht alles eine Nummer zu groß? Eine Nummer zu groß.

Investmentberatung ist wirklich ein idealer Job für eine Hausfrau, die nur ein paar Stunden Zeit hat und dann noch diese Stunden auf den Abend legen kann, wo es gar nicht stört, wenn sie nicht da ist. Wenn ich ehrlich bin, Frau Doktor, mir macht die Sache Spaß. Nicht nur wegen des Geldes. Ich könnte ganz gut Geld verdienen dabei — sondern auch, weil ich eine Menge gelernt habe. Sie glauben gar nicht, wie interessant Wirtschaft ist! „Steigendes Bruttosozialprodukt bedeutet steigendes Wachstum der Wirtschaft!" Sie werden mich für naiv halten, und das bin ich ja auch. Seit zehn Jahren habe ich Haushalt und Kinder versorgt und keine fremden Begriffe gelernt. Da ist so ein Wort wie ,,Bruttosozialprodukt", wenn man es plötzlich begreift, wie eine Erleuchtung . . . Zu Hause rechne ich immer mit zweihundert Mark Wirtschaftsgeld pro Woche und ein bißchen dazu, wenn ich nicht auskomme — aber hier in den Schulungsabenden der Firma — geht es immer um Zigtausende! Langweile ich Sie auch nicht?

Es kommt noch etwas hinzu: Zu jedem Termin, den ich wahrnehme, mache ich mich auf seriöse Weise chic, das gehört zum Geschäft. In meinem Anthrazitgrauen sehe ich wirklich gut aus, seriös. Manchmal beim Kartoffelschälen oder so, denke ich daran, daß ich eine ,,very important person" bin, ich pflege mich besser, seit ich mich so fühlen soll. Ich habe mir einen schwarzen Diplomatenkoffer gekauft, so gehe ich beraten: ,Herr Kunde, welche Eigenschaften sollte eine Kapitalanlage haben? Natürlich Sicherheit, Gewinnzuwachs, Liquidität . . .' Heute bin ich zu einer ganz reizenden Familie gegangen. Sie wollten einen Abschluß bei mir machen. Um vier Uhr! Um vier Uhr ist mein Mann noch nicht zu Hause, er kommt erst um fünf. Markus mußte Patricia vom Kindergarten holen. Ich gab ihm die Schlüssel, schärfte ihm ein aufzupassen und keine Dummheiten zu machen.

Zunächst war ich guten Mutes, ich freute mich auf das Geschäft und die netten Leute. Die Tochter hatte gerade Abitur gemacht und wird jetzt in Münster studieren, sie war so hübsch und strahlend. Es wurde ein Glas Wein angeboten und erzählt, nur das Wort Geschäft erwähnte keiner. Plötzlich mußten sie mich alle für ein paar Minuten allein lassen, weil irgendwer an der Tür geklingelt hatte, der mit der Tochter ausgehen wollte. Die Tochter wünschte sich den Autoschlüssel vom Vater, Vater weigerte sich zuerst, es vergingen einige Minuten mit dem Hin und Her von Ermahnungen. Ich saß allein in diesem Zimmer mit Durchblick zum Eßzimmer und zum Wintergarten, die Teppiche dick, das Holz an den Schränken wuchtig, Tisch mit Marmorplatte, rotgeädert, ein schweres Tischfeuerzeug, ein riesiger Aschenbecher. Ich sah, daß es schon gegen sechs Uhr ging. Unruhe befiel mich. Was war zu Hause los? Ob Peter pünktlich gekommen war? Ob die Kinder auch keinen Unsinn gemacht hatten? Patricia steigt so gerne auf Stühle und Tische. Wenn sie nun gestürzt war? Ich weiß, ich weiß, es kann auch etwas passieren, wenn man nebenan in der Küche ist! Aber dann ist man sofort dabei und kann helfen, so wie damals, als Markus sich die Schere neben der Augenbraue in den Kopf stieß, weil seine Schwester ihn von hinten gestoßen hatte. Wie das Blut zwischen den Fingern hervortropfte! Vor lauter Blut konnte man gar nicht sehen, was eigentlich los war, und Markus schrie wie am Spieß. Ich fuhr sofort in die Kinderklinik, die Wunde wurde genäht, alles kam in Ordnung. Aber jetzt bin ich nicht da! Was soll Patricia mit Ballettstunden, wenn sie ihre Beine bricht? Ich sah das Unglück auf mich zukommen, ich hatte Schuld, ich vernachlässigte meine Kinder. Der Schreck trieb mir den Angstschweiß ins Gesicht.

Jetzt kehrten die netten Leute zurück und endlich sprachen sie vom Geschäft. Der Mann erzählte, daß er jeden Tag vier- bis siebentausend Mark verdiente, und natürlich könne er nicht noch ein Kühlhaus bauen, wenn die drei genügten, die er schon gebaut hatte. Ich verstand, daß er irgendwas mit Obst und Gemüse waggonweise zu tun hatte und daß er nun die Tausende, die er verdiente, durch harte Arbeit verdiente, auch sicher, gewinnbringend und liquide anlegen wollte. Ich merkte, daß er sich auf mein Urteil verlassen wollte und erklärte ihm einen Fond, der in DM notiert wurde und nicht in Dollars, er sah die Vorteile sogleich ein, betonte aber noch einmal, daß er sehr schwere Arbeit für sein Geld leiste.

Seit ich etwas verkaufen will, bewundere ich die Leute, die ganze Waggons von etwas jeden Tag verkaufen. Er nannte eine Abschlußsumme von 20.000 Mark, wo ich schon 50.000 kalkuliert hatte.

Ich war nicht mehr bei der Sache, füllte mechanisch das Formular aus. Er unterschrieb, seine Frau ebenfalls, es war jetzt sieben Uhr. Meine Stimme krächzte, von „very important person" keine Spur, nicht innerlich, nicht äußerlich. Mir fiel gerade noch ein, daß wir gelernt hatten, den klugen Kauf des Kunden zu loben, ich tat es hastig und verabschiedete mich.

Endlich stand ich an der Straßenbahnhaltestelle, aber es kam keine Bahn. Ich wäre sowieso nur zwei Haltestellen gefahren, also fing ich an zu laufen. Je näher ich nach Hause kam, um so stärker wurde meine Angst, Frau Doktor. Und dann war nichts passiert! Es war alles still, friedlich, heil, nur das Spielzeug lag verstreut, und das Geschirr und die Wurst standen auf dem Tisch.

Ich weiß gar nicht, was mit mir los ist. Andere fallen in Ohnmacht, wenn etwas passiert und ich, wenn nichts, gar nichts passiert ist! Komisch?"

„Jetzt hören Sie mal gut zu . . ."

„Ja, ich hab' zu viel geredet. Ich wollte so gerne, daß Sie mich verstehen."

„Ich habe Sie sehr gut verstanden, jetzt hören Sie aber mir zu!"

Die Stimme der Ärztin kam von weither. Sie konnte die Worte nicht mehr verstehen, aber sie fühlte sich sehr wohl.

Hausmannskost

Hausmannskost! Ha, das soll ein Tiefschlag sein! Sie kämpft mit allen Mitteln um diese Party. Ich gönne ihr keinen Kaviar? Ich bin kein Kaviar — ich bin Hausmannskost. Immer war ich ihr gut genug: treu, fleißig, kameradschaftlich, paßte auf die Kinder auf, ging meinen Pflichten nach, — keine Höhenflüge? Hausmannskost. Die Party findet nicht statt. Nicht mit diesem Möchtegernkaviar von nebenan. Direktor, Prokura! Was, Eva, dein Hausmannskostabteilungsleiter genügt deinen Ansprüchen nicht? Unser Rasen ist aber gepflegter als der von dem! Und was hat der für einen Charakter? Darüber sind wir uns doch alle einig! Sägt einen Spielbaum ab, obgleich alle Familien in der Straße sich an der Pflanzung beteiligt hatten. Hat selbst keine Kinder, will keine Kinder. Will sich nicht von Kindern auf dem Spielbaum stören lassen. Misanthrop! Kommt von Anthropos, der Mensch, griechisch. Früher mal gelernt, nur wichtig, um dem nebenan zu zeigen: humanistisch gebildet, ätsch. Sie auch? Oder vielleicht neureich? Oder vielleicht protegiert? Nein, den laden wir nicht ein! Dann gibt es eben keine Party. Was, beschwert der sich nicht über Kleinigkeiten? Probiert Kartoffelsalat mit langen Zähnen? Spielt den großen Mann, den Star jeder Gesellschaft? Erzählt Witze und paßt auf, wer darüber lacht? Wir sind doch nicht auf ihn angewiesen, damit es Stimmung gibt? Das wär' ja noch schöner!

Schnaps macht warm im Magen. Wenn ich so richtig warm bin, könnt ihr was erleben! Hausmannskost? Ganz was Wildes kann ich euch markieren! Autos vor fremden Türen parken? Kann jeder. Große Lippe riskieren? Kann jeder! Aber wer sagt dem Kerl, er soll den abgesägten Baum ersetzen? Ihr wollt alle keinen Stunk? Aber das muß ihm doch gesagt werden, das ist Zivilcourage! Kann ich meiner Tochter als Beispiel empfehlen, wenn sie wieder einen Aufsatz über Zivilcourage schreiben muß! Ja, die Kinder! Ha! Mein Sohn wird dich da nebenan noch in die Tasche stecken, der rechnet schon die Eier in der Nachbarschaft zusammen, wenigstens den Eierverbrauch. Wenn also die Frau von dem nebenan Spinat kocht, wieviel Eier gibt es dann bei denen? Der Schnaps ist gut. Ist kein ordinärer Schnaps, meine Frau kauft Markengetränke, Markenbutter, Markenstrumpfhalter, eine schöne Frau, und ich bin die Hausmannskost für meine schöne Frau. Also dem drüben gönn' ich seine Alte, die ist nicht einmal annähernd, was mein Evalein ist, besonders, wenn Eva und ich auf einer Wellenlänge tanzen. Sie will mich bemuttern! Aber ich bin doch der Herr im Haus — keine Gäste, wenn dieser von nebenan. Wenn ich „Nein“ sage, dann kommt sie nicht daran vorbei. Das

muß sie schlucken. Das ist ein Schlußpunkt, ein Nonplusultra. Ob der in Latein gut war? Was zählt das schon, deswegen wird man nicht Direktor. Da steckt etwas anderes dahinter, der sägt Bäume ab, auf dem die Kinder spielen sollten. Wir hatten ihn gemeinsam gespendet! Das ist Direktorenmentalität, sägt Menschen ab. Dafür wird er bezahlt. Ich frage mich bloß, warum wohnt der hier, Wand an Wand mit uns? Nummer 17 und Nummer 19 sind Teil einer Reihe. Er sitzt auch in der Reihe, im Reihenhaus mit Reihenhausmannskost. Was macht der mit seinem Geld? Lebt zu üppig. Zum Spinat etwa drei Eier? Nein, das möchte ich gar nicht. Überhaupt, wenn schon Eier, dann ohne Spinat. Aber da kann man gleich sehen, was das für ein Mensch ist, ißt Spinat mit drei Eiern, bloß weil er sich hervortun will.
Und den soll ich auf mein Fest laden? Mein Nein gilt. Es gilt hier etwas. Teuer, dieses Nein, sehr teuer. Drei Wochen lang keine fröhliche Stimmung, keine Entspannung. Immer Kampf. Sie will mich noch herumkriegen. Kann sie nicht. Ja, das laß ich mich was kosten. Hausmannskost! Damit wollte sie mich treffen. Sie möchte mal was Pikantes, was Extravagantes! Und der Nebenan-Spinat-Esser, schäumt der dauernd wie Sekt? Ha, jetzt trinken wir selber Sekt, all den schönen Sekt, den Eva eingekauft hat! Jetzt schäume ich. Prost! Knallt gar nicht mehr, so ein Sektkorken aus Plastik. Sogar das Extraordinäre ist aus Plastik. Also halten wir fest: Plastik ist hervorragend. Qualität. Der Bäumeabsäger ist aus Plastik, deshalb so fit, so unverfroren, mit Starallüren, ein Angeber, natürlich! Hartplastik, aus einem Stück, nahtlos, braucht nur noch Eier, strahlt mechanisch, scheidet nicht aus, wird immer dicker, platzt nie, nie.
Eva, wo bist du denn! Nun feiere ich ganz allein mit deinem feinen Sekt. Du kommst schon nicht zu kurz! Was ist denn so einer aus Plastik? Gut, ich bin Hausmannskost, ich seh' es ein. Aber ein Mensch, Eva. Du kennst mich doch.

Ferngespräch

Es gibt Telefonzellen in dieser Stadt an jeder Ecke.
Ich seh nicht hin.
Ich will nicht telefonieren. Meinetwegen brauchte es keine Telefonzellen zu geben. Stehen herum mit diesem miesen Geruch.
Wonach eigentlich?
Nach Tränen, nach Angstschweiß.
Mein Gott, wie hat mein Kater gestunken, als er von einem Auto angefahren worden war! Nicht, daß er sich naß gemacht hätte. Seine Angst hat aus allen Poren gestunken. So stinkt Angst.
Ich hab' keine Angst.
Ich brauche nicht zu telefonieren. Ausgerechnet — ich komme an der Post vorbei. Drei leere Telefonzellen.
Wenn ich nur wüßte, was er macht. Um diese Zeit ist er zu Hause.
Wenn das Telefon klingelt . . .
Er hat die Zeitung in der Hand. Er legt sie weg. Er denkt: Wer kann das sein? Doch nicht etwa Helga?
Helga bin ich.
Er hat nichts mehr mit mir zu tun. Es gibt nichts mehr zu klären.
Wir sind geschieden.
Man kann ihm nur sachlich kommen. Etwa:
„Ich hab' eine Wohnung in Aussicht. Ich rufe wegen der Möbel an . . ."
Aber die Sache mit der Wohnung ist noch nicht perfekt.
Gut. Und er? Logisch, konsequent:
Adresse? Wann sollen die Möbel kommen? Klipp und klar. Keine Mätzchen. Kein:
Wie geht es dir? Bist du okay?
Ja, ach, mir geht es so leidlich.
Nichts davon.
Ruf hier nicht mehr an. Es hat keinen Zweck. Schluß. Aus.
Kleine Wörter. Eiskalte, schreckliche Worte.
Getrennt von Tisch und Bett und Telefon.
Er liest die Zeitung. Er hat immer um diese Zeit die Zeitung gelesen.
Vor dem Abendessen, während des Abendessens, nach dem Abendessen. Eine Frau kann da nicht stören:
„Wie war es denn im Betrieb? Hast du dich über Meier beschwert?"
Was soll das?
„Die Frau Kovac unter uns will sich einen Hund anschaffen. Wenn ich wieder eine Katze hätte . . ."
Die Zeitung raschelt.

Ich rufe einfach an.
Dann hör' ich die Zeitung rascheln. Vielleicht.
Seine Stimme wird in meinem Ohr sein. Das kenne ich: seine Stimme wird die Gegenwart ausfüllen. Durch mein Ohr dringt sie in meinen Körper, erst in den Hals, so daß ich schlucken muß. Ich schlucke seine Stimme hinunter mitsamt den Wörtern. Mein Magen läßt sich nichts vormachen. Mir wird übel.
Ich rufe nicht an.
Er hat eine Tasse Kaffee auf dem Glastisch stehen. Er benutzt das Geschirr, das ich ihm einmal von einer Reise mitgebracht habe. Er hatte was gegen die Reise. Ich bin doch gefahren. Einfach. Keine Rücksicht genommen. Kein Essen vorgekocht.
Gegen seinen ausdrücklichen Willen.
Die ganze Reise war nichts wert. Vier Tage lang Druck auf dem Magen. Der Bamberger Dom hat mich nicht beeindruckt.
„Der Bamberger Reiter ist kleiner als du!" Das hab' ich ihm gesagt. Und zur Versöhnung das schöne Geschirr gekauft für ihn.
Wir haben uns auch versöhnt.
Aber was nützen Versöhnungen in der Nacht, wenn wir uns tagsüber so fremd sind? Und wenn ich überhaupt nicht wichtig bin?
Er geht in der Wohnung umher. Er hält die Dinge ordentlich. Ihm widerstrebt Schlamperei. Er kommt allein zurecht. Er kocht nicht. Er ißt in der Kantine. Also braucht er auch die Küche nicht.
Es war meine Küche.
Ich hab' aufs Schöne Wert gelegt, wollte als kultivierte Hausfrau gelten. Durchschnittskochfrau, das lehnte er ab. Ich pflegte das Besondere, das Exotische, sammelte Kräuter, Gewürze, Rezepte. Eine Frau sollte nicht mit ihrem Mann in eine Werkswohnung ziehen. Bei einer Scheidung muß sie die Wohnung verlassen.
Er sitzt unter dem Licht der Stehlampe.
Ich laufe hier draußen herum. Von der Post zum Rathaus.
Am Rathaus stehen zwei Telefonzellen.
Wenn ich anrufe, klingelt das Telefon in meiner Wohnung. Ich kenne den Klang. Ich sehe es in der Diele auf dem Schuhschrank stehen. Ich rufe in meiner Wohnung ein Geräusch hervor.
Es ist nicht mehr meine Wohnung.
Ich habe alle vierzehn Tage die Fenster geputzt, die Fußleisten abgestaubt, den Teppichboden gesaugt, immer wieder frische Handtücher ausgelegt, den Glastisch poliert. Ich kenne alle Ecken und Ritzen und die Stelle hinter der Tür zum Schlafzimmer, wo die Tapete einen Fleck hat.
Was ist denn die Wohnung für mich? Eine Schale für die bloße Haut?

Es ist kalt draußen.
Ein Nest. Ich hatte es wohnlich gemacht.
Ja, es ist kalt. Ich bin aus meiner Wohnung ausgezogen. Ich bin aus meinem Leben ausgezogen. Ich bin aus meiner Haut ausgezogen. Man hat dem Kaninchen das Fell über die Ohren gezogen. Es lebt noch.
Ich lebe noch, frierend.
Ich nehme eine Telefonzelle, soll mein Haus sein. Jetzt rufe ich an. Wann habe ich angefangen zu heulen? Ich kann nicht sprechen. Ich muß zuerst mit dem Heulen aufhören. Es paßt nicht.
Es paßt nicht zu dem, was ich fühlen soll: Erleichterung. Die Scheidung ist eine Erleichterung.
Ein Leben, von dem man immer sagt: „So kann es nicht weitergehen!" das ist kein Leben. Das ist vertan. Es zerstört alles, alles, die Zeit, die Menschen, ihn und mich.
Es ist alles in Ordnung. Na also.
Merkwürdig, wie einen Haut und Knochen zusammenhalten, obgleich man doch ausgewandert ist, gar nicht mehr vorhanden ist.
Es ist ein Ende gemacht. Ich bin ausgezogen. Das ist gut.
Wo ein Ende ist, kann wieder ein Anfang sein. Irgendwo, in einer Ecke dieser Welt werde ich mich zusammensuchen und wiederfinden. Hör auf mit dem Heulen!
Dir wächst ein neues Fell. Jetzt, da du allein bist, kann keiner dir weh tun. Wenn du allein bist, tust du keinem anderen weh. Sogar heulen kannst du, es sieht keiner, der von Selbstmitleid redet und alle Kälte der Welt ausstrahlt.
Ich weiß, ich weiß. Der Ofen ist aus. So ein gemeinsamer Ofen ist zum Erkälten bestens geeignet, zum Verhungern auch, denn es kommt kein Süppchen mehr zum Kochen.
Wem soll ich sagen, wie kalt Kälte wirklich ist?
Wie lieblos Lieblosigkeit wirklich ist. Wie vernichtend Nichts ist?
Ich hab so viel von uns erwartet, Jahr um Jahr.
Es sind die Erwartungen, die uns enttäuschen.
Und dann hab' ich die Rolle gespielt. Frau Kortmann. Ich hörte auf den Namen, paßte mich allen Verpflichtungen an. Hab gelächelt. Was für eine leere Hülse der Name ist! Er paßt nicht mehr zu mir. Und die Rolle brauche ich nicht mehr zu spielen. Ich bin wieder ich, wenn auch mit falschem Namen. Aber wer bin ich? Nur ein bißchen Ruhe, ein bißchen Vertrautes, etwas, das ich wiedererkenne, das brauche ich. Wenn ich erst eine Wohnung habe, meine Möbel darin stehen, wenn ich Schubladen einräume, werde ich Dinge und Gedanken wiederfinden, mich selbst wiedererkennen. Ja?

Jetzt hat er die Zeitung ausgelesen. Jetzt stört mein Anruf nicht. Er wird sagen: „Hier Kortmann", kurz. Ich werde antworten: „Hier Kortmann." Aber das Spielchen ist nicht angebracht.
Wir sind nicht mehr verwandt. Wir waren es nie. Wir haben immer bloß so getan, mutig und wider besseres Wissen.
Weil man glücklich sein muß. Weil jede schöne Lüge besser schmeckt als die Wahrheit.
Meine Nummer weiß ich aus dem Kopf. Im Traum kann ich sie mir sagen.
Ich höre das Rufzeichen in meiner Wohnung. Es ruft.
„Hier Kortmann."
Ich kriege keinen Ton heraus.
„Wer ist denn da?" Ungeduldig.
Ich lege den Hörer wieder auf.
Was soll ich sagen, wer da ist? Ich? Er läßt sich nichts erklären.
Er hat immer alles schon gewußt.

Die Verfolgung

Sie bog den Rückspiegel zurecht, damit sie sich begutachten konnte. Es kam sehr darauf an, daß sie attraktiv aussah, man mußte jeden Makel verbergen.

Von außen sah das Haus freundlich und einladend aus. Alle Fenster waren erleuchtet. Die große Eingangstür ließ Licht nach draußen dringen. Auch dort war man einsam. In allwissenden Rezeptbüchern für die Lebensgestaltung alleinstehender Frauen gab es eine Empfehlung, die auch Angela befolgte: „Belegen Sie Volkshochschulkurse! Und wenn Sie Männerbekanntschaften suchen, wählen Sie Kurse, die überwiegend von Männern besucht werden!" Der Tip war nicht schlecht. Sie hatte bereits Erfolg damit gehabt.

Sie war es sich schuldig, glücklich zu sein. Ihre Schulkameradinnen waren verheiratet und glücklich, sie war zwar allein, mußte aber doch glücklich sein. Gewiß, dazu gehörte, daß sie die Liebe eines Mannes gewann. Nein, sie war bescheidener, es gehörte dazu, daß sie Beziehungen zu einem Mann hatte oder auch mehreren, und es war wichtig, daß sie die Hoffnung hatte, es würde sich etwas entwickeln. Die kleinen Zeichen einer beginnenden Zuneigung, das Spiel mit den Blicken, leichte, zufällige Berührungen, all das versetzte sie in Spannung und Erregung. Wenn sie ehrlich war, mußte sie auch die Kehrseite des Spiels zugeben: zu ihren Erfahrungen gehörten dutzendfache Enttäuschungen.

Nun, sie hatte stets mehrere Eisen im Feuer.

Sie konnte nicht am Abend nach Hause kommen in die Stille, die Reglosigkeit, die Anspruchslosigkeit ihrer Wohnung. Das war unerträglich. Das hatte sie durchgemacht: ein Zimmer, in dem keiner atmete, die Luft abgestanden war. Die Unordnung des Morgens hatte abends ein böses Gesicht. Das kannte sie. Sie war allein, seit Bernd ihrer langen, zärtlichen Freundschaft ein Ende setzte, indem er plötzlich eine andere heiratete. Manchmal erkannte sie, daß es vielleicht nicht einmal so schlimm war, daß Bernd sie verlassen hatte, sie könnte ja durchaus einen anderen liebenswürdigen Mann finden, viel, viel schlimmer war, daß sie sich selbst verloren hatte: das ungebrochene Selbstvertrauen, die naive Übereinstimmung mit sich selbst. Von jetzt an steckten Zweifel in ihrem Selbstbewußtsein. Sie brauchte Spiegel, um zu wissen, daß sie noch genau so aussah wie früher. Nicht aus Eitelkeit, aus Not suchte sie in den Blicken anderer Bestätigung.

Und in ihrem Zimmer, in ihrem toten Zimmer wurde sie zu einem Nichts. Sie war allein, also existierte sie überhaupt nicht. Eines Tages

beschloß sie, sich an die erreichbaren Sorten Glück zu halten, diese bewußt zu organisieren und zu genießen. Da niemand ihr das Glück des Angenommenseins, der Ungeteiltheit aufs Kopfkissen legte, so wollte sie sich schadlos halten an kleinen Portionen Glück. Dabei hatte sie den Hintergedanken, daß man Chancen braucht, um eine Chance zu haben.
Männer waren interessiert an Sex. Erfüllte Angela das Bedürfnis nach einem sexuellen Abenteuer, so war ihr Bedürfnis erfüllt, ihr Zimmer mit einem lebendigen Menschen zu teilen, in seinen Gedanken zu sein, in seinen Blicken zu gehen. Worte wurden nur für ihr Ohr gesagt — mißbrauchte Worte, mag sein —, aber die Stimme des anderen modulierte den Klang der Zärtlichkeit, Hände streckten sich nach ihr aus, Haut berührte Haut. Ihr Körper erfuhr Erfüllung.
Die Tür der Volkshochschule öffnete sich. Ein Mann trat heraus, er blickte zögernd die Straße entlang.
Angela freute sich. Sie war nicht sicher gewesen, ob er ihre Blicke verstanden hatte. Er reagierte also auf ihre kleinen Signale, er ging auf ihre Neckereien ein, die so spaßig klangen, aber ernst gemeint waren. Dieser Mann gefiel ihr sehr. Sie wünschte sich von Woche zu Woche, daß er schnell begreifen möchte und nun seinerseits eine Begegnung nach der Seminarstunde herbeiführen möchte. Jetzt war es soweit.
Er war verheiratet. Alle Männer, die ihr gefielen, waren verheiratet. Von einem gewissen Alter an trat ihr die Gesellschaft nur noch paarweise entgegen.
Da sie selbst keinen Ehemann ganz zu eigen hatte, konnte sie sich einen aus vielen Scheiben zusammensetzen, die sie von den Ehemännern anderer Frauen abschnitt.
Ihr Spiel ging seit Beginn des Kursus. Es gab Anzeichen, daß sie ihm nicht gleichgültig war: auf ihre Angebote erhielt sie keine glatten Absagen. Er sicherte sich lediglich ab. Er habe eine kleine Frau zu Hause. Nun ja. Dauer und Tiefe einer möglichen Beziehung standen zur Diskussion, alles im Spaß, alles ganz unverbindlich.
Der Mann zögerte noch an der Bordsteinkante, überquerte die Straße, er beachtete das Auto nicht, in dem sie saß, obgleich er es genau kannte. Sie hatte ihn schon einmal mitgenommen. Ihre Vorfreude verblaßte, sie ahnte, daß er sie bereits vergessen hatte.
Er stieg in seinen Wagen, es war klar, heute geschah nichts mehr, er fuhr nach Hause, er gab ihr kein Zeichen.
Vielleicht nahm er sie nicht ernst. Vielleicht wollte er sie nicht ausnutzen, da er nicht bereit war, mehr zu nehmen, als er gab, etwas anderes zu geben, als er nahm.

Sie war enttäuscht, sie wollte keinen seiner möglichen Gründe anerkennen. Sie war zornig. Plötzlich wurde sie von seinen Scheinwerfern geblendet. Sie war nicht sicher, ob er sie sah. Dann startete auch sie den Wagen, knipste Scheinwerfer an, wendete und fuhr seinen roten Rücklichtern nach.
Sie wußte nicht, warum sie ihm folgte, aber sie verfolgte ihn. Sie versprach sich nichts davon, sie verfolgte ihn einfach. „Ich bin hartnäckig", dachte sie. „Ich muß nur genügend hartnäckig sein und vergnügt! Das Ganze als Spaß hinstellen. Was für ein Spaß!"
Sie fuhren im Stadtverkehr, hielten dicht hintereinander vor Ampeln. Jetzt war sie sicher, daß er sie erkannt hatte.
Jeder in seinem Auto, den Verkehrsregeln unterworfen, waren sie einander unerreichbar. Er fuhr vorschriftsmäßig, blinkte früh genug nach links, nach rechts.
Sie verließen den Stadtkern, stille Vorortstraßen, Reihenhäuser, Punkthäuser, Einfamilienhäuser glitten vorbei. Plötzlich erweiterte sich der Blick. Im Licht eines halben Mondes schimmerten sanft abfallende Hügel Weideland. Das Grün verblaßte zu Grautönen. Die Landstraße war auf der einen Seite mit Pappeln bestellt. Ja, sie war traurig. Nicht mehr zornig, nicht einmal mehr enttäuscht, traurig. Jetzt hätte sie die Verfolgung bereits aufgeben können. Wie weit auch immer der Weg durch die nachtverlassenen Räume führen mochte, nichts anderes als Traurigkeit konnte das Ergebnis sein.
Jetzt entfernten sich die roten Schlußlichter seines Wagens. Er fuhr schneller. Auch sie fuhr schneller.
Seine Scheinwerfer überfielen die Dunkelheit eines Waldstücks. Plötzlich im starken Licht erschien Angela die Einsamkeit des Waldes unbegreiflich. Da war nichts als einzelne glatte Buchenstämme, hoch aufragend, still, der Waldboden rotbraun von altem Laub, keine Bewegung.
Sie hatte keine Lust mehr. Sie brauchte ihm nicht zu folgen, um zu wissen, wo er wohnte, dort spielte sich sowieso ein Leben ab, mit dem sie nichts zu tun hatte. Sie war dort ausgeschlossen, es interessierte sie nicht.
Die Verfolgung war zu Ende. Erzwingen ließ sich nichts.
Sie fuhr noch eine Weile mechanisch geradeaus, obgleich ihr Ziel nicht mehr vor ihr lag. Sie mußte wenden.
Sie bremste abrupt, wendete und fuhr denselben Weg zurück. Sie fuhr schnell. Es war spät geworden. Vor ihr tauchte das Waldstück auf. Ein Kaninchen rannte über die Straße, versuchte ihr zu entkommen, die Räder des Wagens erfaßten es, schlugen es hin und her. Angela hörte das Krachen von Knochen. Grauen überfiel sie. Sie

hielt den Wagen an. Ihre Glieder zitterten. Sie hatte das Kaninchen getötet. Sie stieg aus, ging aber nicht zu der Stelle, wo dunkel auf der Fahrbahn das tote Tier zu erkennen war. Sie atmete tief ein und lange aus. Wer hatte ihr nur die Hoffnung eingegeben, tiefes Atmen könnte einen vom Druck der Verzweiflung befreien?
Sie zitterte heftig, versuchte gegen einen Schwall aufsteigender Tränen zu kämpfen. Die Lichter ihres Wagens brannten. Sie setzte sich ans Steuer. Sie starrte auf die lange von Pappeln gesäumte Straße. Sie gab den Kampf gegen die Tränen auf. Hier konnte sie niemand sehen.

Das Wolkenkuckucksheim

Bevor der Traum nicht ausgeträumt war, wußte ich nicht, daß ich in einem Wunschtraum gelebt hatte. Ich war bloß glücklich. Jeden Tag. Jedenfalls kommt es mir heute so vor.

Jugendarbeitslosigkeit, das hat es auch früher schon gegeben, zu der Zeit, von der ich erzählen will. Der Krieg war vorbei. Ich war siebzehn Jahre alt, hatte ein feines Zeugnis in der Tasche, hatte die Mittlere Reife, wie das damals hieß.

Aber keine Lehrstelle, keine richtige Arbeit.

Obwohl unser Rektor mir ein Empfehlungsschreiben aufgesetzt hatte, das ich am liebsten jedem laut vorgelesen hätte. Seiner Meinung nach hätte ich das Zeug gehabt, Empfangsdame einer bedeutenden Firma oder eines Riesenhotels zu werden. Man brauchte mir nur noch das entsprechende Wissen der Branche beizubringen.

Aber man hatte keine Verwendung für mich. Auch nicht als Bürokraft oder als Fotolehrling, wozu ich auch Lust gehabt hätte.

Trotz all dieser Mißerfolge war ich nicht enttäuscht. Ganz im Gegenteil. Ich hatte alle Bewerbungen nur meinen Eltern zuliebe losgeschickt. Sie wollten, daß aus mir was wurde. Ich sollte Geld verdienen. Denn kurz nach der Währungsreform 1948 war das Geld so knapp wie in den Jahren vorher das Brot.

„Lieber mit vollem Portemonnaie vor leeren Geschäften stehen, als mit leerem Portemonnaie vor vollen Regalen!“ sagte meine Mutter oft. Der Krieg hatte uns, wie die meisten Familien, arm gemacht. Wir brauchten alles, von Matratzen — wir hatten Strohsäcke im Bett — bis zu Geschirr, Stühlen, Schränken und Wäsche. Und alles kostete Geld.

Also mußte ich Geld verdienen.

Geld war der Schlüssel für all die Wünsche, die meine Mutter auflistete. Ihre Wünsche hatten Preise, die sie untereinander schrieb und addierte. Dann versank sie in Sorgen, weil die Summe ihre Mittel weit überstieg.

Mir war Geld gleichgültig, ich wollte nicht unbedingt Geld verdienen, ich wollte schreiben, und schließlich bekam man ja auch für Schreiben Geld. Unsere Lokalzeitung hatte schon zweimal kleine Aufsätze von mir veröffentlicht, als ich noch zur Schule ging. Dafür hatte ich per Postanweisung einmal Siebenmarkfünfzig und einmal Achtmarksiebzig bekommen.

Wichtig zu erwähnen: Ich hatte einen Freund, der sich anschickte, Fotoreporter zu werden. Er fotografierte und schrieb für alle drei

Lokalredaktionen in Witten. Er kannte alle Redakteure und stellte mich ihnen vor.
„Eine freie Mitarbeiterin . . . Haben Sie eine Arbeit für sie?"
„Mal sehen!"
Den ersten Auftrag erledigten wir zusammen. Ekkehard schoß ein Bild, und ich schrieb den Text: eine Kaninchenzuchtschau. Ich schrieb achtzig Zeilen — dreißig wurden gedruckt. Pro Zeile zehn Pfennig Honorar.
Wir hatten kein Telefon, um Aufträge einzuholen. Also ging ich jeden Morgen los, stellte mich in den winzigen Büros vor und kriegte zwei, einen oder gar keinen Auftrag.
Wo auch immer ein Gesangverein tagte, ein Lichtbildervortrag stattfand, eine Laienspielgruppe Theater spielte, ich lief hin, immer zu Fuß, um das Fahrgeld zu sparen.
Ab und zu — wenn ein Bild gemacht werden sollte — fuhren wir zusammen, Ekkehard und ich, denn er hatte ein Motorrad. Und er hatte eine Schreibmaschine. Ich nicht.
Zu Hause schrieb ich meinen Artikel mit der Hand vor, damit ging ich zu Ekkehard, wartete, bis er mit seiner Arbeit fertig war, und tippte holprig, jeden Buchstaben suchend, meinen Text ins reine. Lange konnte das so nicht gehen. Es war klar, ich brauchte eine Schreibmaschine. Anstatt Geld zu verdienen, wollte ich Geld ausgeben — eine Schreibmaschine kaufen! Meine Mutter interessierte sich derzeit für einen richtigen Kleiderschrank, weil wir nur ein Regal hatten, aus dem ab und zu die Stange herausbrach. Ich schloß mein erstes Teilzahlungsgeschäft ab.
In einem düsteren Hinterhof fand ich eine ebenso düstere Werkstatt, an der Tür klebte ein Schild: Feinmechaniker. Der Mann kaufte und verkaufte Schreibmaschinen. Die kleinste und älteste, die er anzubieten hatte, kostete 150,— DM. Ein Modell mit Blechkoffer. Ich verliebte mich sofort. Der Geldbriefträger hatte mir gerade die stolze Summe von knapp 80 Mark gebracht, also beschloß ich, die Hälfte der Kaufsumme anzuzahlen, damit ich das Maschinchen gleich mitnehmen durfte.
Nun stand meiner Karriere nichts mehr im Wege.
Meine Lieblingszeitung war die „Westfälische Allgemeine Zeitung". Im dritten Stock eines nur teilweise bombengeschädigten Hauses in einem Kabuff von zweieinhalb mal drei Metern Raum saß der Redakteur, den ich verehrte, Dr. Venn.
Er machte sich die Mühe, meine Berichte zu korrigieren, mir meine Fehler zu zeigen. Ich kriegte jedesmal einen roten Kopf, wenn er ganze Zeilen durchstrich und durch ein einziges Wort ersetzte. Er lachte,

ich versuchte mitzulachen, obwohl ich nicht wußte, was so witzig war.
„Hier, setz dich hin, schreib's noch einmal und denk dran, was ich gesagt habe!"
Ich dachte so angestrengt nach, daß er sagte:
„Wenn dir das Denken so schwer fällt, kann nichts rauskommen! Locker, ganz locker!"
Und wie durch ein Wunder — das mir meistens unerklärlich blieb — fand dann ein Text Gnade vor seinen Augen.
„Mädchen, du lernst was!" Kein „Sehr gut" unter einem Schulaufsatz hatte mich je so stolz gemacht wie sein beiläufiges Lob. Ich hatte keine Hemmungen, ohne die geringste Sachkenntnis über alles und jedes zu schreiben. Aber fragen, das konnte ich. Ich fragte so lange, bis ich eine Vorstellung von der Sache hatte, und dann schrieb ich unbekümmert drauflos, o selige Dummheit! Dr. Venn kicherte und strich durch. Aber er gab mir manchmal Bücher, über die ich etwas schreiben sollte. Diese kleinen Kritiken erschienen dann nicht im Lokalteil — sondern im allgemeinen Teil der Zeitung.
Mein Einkommen stieg auf monatlich 120, 130, ja 150 DM! Das imponierte meiner Mutter wohl, aber sie verabscheute die Unregelmäßigkeit meiner Arbeitszeit. Sie quälte mich dauernd, eine richtige, ordentliche Arbeit zu suchen. Seßhaft sollte ich werden. Abends aus dem Haus zu gehen, Veranstaltungen zu besuchen, spät heimzukehren, das war nicht nur ein Dorn, es war ein Dornengestrüpp in ihren Augen. Und morgens nicht pünktlich aus dem Bett! Nur montags und donnerstags flitzte die rasende Reporterin früh zum Amtsgericht. Sie durfte Gerichtsberichte schreiben.
Eine neue Welt tat sich vor mir auf. Abermals ohne Sachverstand, aber mit leidenschaftlicher Anteilnahme gab ich Gehörtes und Erfahrenes an die Leser der Zeitung weiter.
Dr. Venn sagte eines Tages zu mir: „Du kannst als Volontärin bei mir anfangen. Viel Platz ist in diesem Büro ja nicht, aber da ist ein Schreibmaschinentisch, eine Schreibmaschine, davor steht ein Stuhl. Du bekommst hundert Mark im Monat festes Geld plus Zeilenhonorar. Aber dann darfst du nicht mehr für andere Zeitungen schreiben, klar? Und morgens mußt du den Kanonenofen einheizen. Kannst du vielleicht auch Kaffee kochen?"
Mein Glück reichte bis an die Wolken.
Ich hätte zu allem ja gesagt, geschrien, gelacht, getanzt. Leider war Dr. Venn eine so turmhoch überlegene Respektsperson, daß ich nicht wagte, ihm um den Hals zu fallen. Ich kriegte noch nicht einmal das erwartete „Ja" laut genug herausgequetscht.

„Na, was ist? Ich freue mich auch, endlich einen Mitarbeiter zu haben. Da kann ich doch sagen: Ich leite ein Büro!"
Jetzt waren meine Eltern hochzufrieden.
„Was wird Ihre Tochter?"
„Journalistin!"
Ja, ja! So, so!
Jeden Morgen um halb zehn schloß ich unser Wolkenkuckucksheim auf, heizte ein, kochte Kaffee. Um zehn Uhr kam Dr. Venn, telefonierte, trank Kaffee, rauchte, schrieb, las Post, teilte mir Arbeit zu. Ganz verteufelte Arbeit: Wie macht man einen lesbaren Satz aus der Meldung des Standesamts, daß vierzig Ehen geschlossen, fünfundzwanzig Sterbefälle eingetragen und achtunddreißig Geburten angemeldet worden waren? Dann mußte ich eine Aufstellung der Vornamen machen, geordnet nach ihrer Häufigkeit. Zum Schluß fehlte noch eine spritzige Überschrift. Alle kleinen Meldungen von anzeigepflichtigen ansteckenden Krankheiten bis zu Öffnungs- und Schließungszeiten des Hallenbades formulierte ich im Schweiße meines Angesichts.
Es gab hektische Stunden. Geh hierhin! Geh dahin! Schreib was drüber! Und abends um fünf, kurz vor Redaktionsschluß, rotierte ich. Alles mußte fertig sein, alle Artikel, alle Überschriften. Schnell, schnell.
Da kommt der Bote. Steck's in den Umschlag. Fertig.
Aber es gab auch Zeiten, da konnten wir still arbeiten. Kleine Gespräche vermittelten fast nebenbei Handwerkszeug.
„Denk immer an die fünf großen W!"
„Mh!" Ich brauchte nicht zu fragen, es kam auch so:
„Bei allen Sachen, die du schreibst, frage: Wer, was, wann, wo und warum! Das sind die fünf großen W!"
Und das setzte sich in meinem Kopf fest für alle Zeiten.
„Tja, Mädchen, wenn du was werden willst, mußt du fleißig sein. Ich sage dir, Genie ist Fleiß!"
Ich hatte ganz andere Vorstellungen von Genie und versuchte, solche Vokabeln wie Inspiration, Muse, Begnadung anzubringen.
„Papperlapapp!" Ungeduldige Handbewegung. „Da kann keiner drauf warten. Wenn du schreiben willst, sei fleißig, schreibe, jeden Tag! Beschreibe eine Lampe, noch mal und noch mal und noch mal."
Und abends im Bett hab ich das schäbige Ding an der Decke betrachtet, das unsere Lampe vorstellte, gekräuseltes Papier, das die Glühbirne verstecken sollte. Ich entschied, daß es sich nicht lohne, einen solchen Gegenstand mit Worten zu beschreiben.

Aber den Lumpensammler hatte ich beobachtet, wie er mit seinem müden Gaul und klapprigen Wagen durch die Straßen ging und zu einer selbstgemachten Melodie die Worte sang: „Altpapier — Lumpen — Eisen!“ Ich schrieb alle kleinen Einzelheiten auf und gab es Dr. Venn zu lesen.

„Ja, sag ich doch immer: Der Stoff liegt auf der Straße! Das gefällt mir!“

Vier Monate dauerte mein Glück. Dann war es zu Ende.

Von einem auf den anderen Tag.

Ein Anruf aus der Chefetage der Hauptredaktion in Bochum ließ alles platzen. Dr. Venn hatte eine Volontärin eingestellt, ohne sich bei allen zuständigen Leuten abzusichern, oder besser, meine Stellung abzusichern. Ich hatte ja auch nie etwas Schriftliches bekommen. Einen Vertrag oder so etwas.

Unmöglich! Wen hatte er sich da überhaupt an Land gezogen? Und bekommt ein Festgehalt? Eine Ausbildung?

Derzeit werden überhaupt keine Volontäre in der Zeitung ausgebildet! Nein. Sofortiger Abbruch des Arbeits- oder Ausbildungsverhältnisses!

Dr. Venn versuchte, es mir schonend beizubringen.

„Schließlich kannst du als freie Mitarbeiterin . . . Wie vorher ja auch . . .“

Ich hatte keinen Boden mehr unter meinen Füßen. Ich gehörte nicht mehr ins Wolkenkuckucksheim im dritten Stock. Ich stand auf der Straße, aber keineswegs wie zu Anfang, als ich noch nicht wußte, was mir die Zusammenarbeit mit Dr. Venn bedeuten würde. Jetzt wußte ich, was ich mir immer wünschen würde, und ich konnte es nicht mehr bekommen.

Eine Woche lang hoffte ich noch. In dieser Woche machten sich meine Mutter und ich auf nach Bochum, wir kämpften mit dem einen und dem nächsthöheren Chef und wurden abgewiesen. Hier kannte mich keiner und wollte mich keiner kennenlernen. Niemand wollte lesen, was ich schon geschrieben hatte.

Es gab, wie es hieß, zu viele Heimkehrer aus dem Krieg, Männer, die schreiben konnten und ein Recht auf einen Arbeitsplatz hatten. Mit ihnen wurden freie Plätze besetzt, und sie würden die Seiten ihrer Zeitungen vollschreiben. Die Redaktionen brauchten keine Lehrlinge, keine Anfänger. Für ein Mädchen wie mich war kein Platz.

„Jetzt suchen wir für dich eine anständige Arbeit!“ sagte meine Mutter. „Es wäre doch gelacht, wenn wir nichts fänden!“

Ich weiß nicht, wie lange es gedauert hat, ich war viel zu niedergeschlagen, um mich aktiv an der Suche zu beteiligen, aber dann be-

kam ich eine Stelle bei der Stadtverwaltung. Morgens um halb acht ging ich die Rathaustreppen hinauf, Abteilung Stadtkasse. Ich lernte, eine riesige Buchungsmaschine zu bedienen. Ich buchte auf gelbe Kontenkarten Hundesteuern, Straßenreinigungsgebühren, Standgeld für Marktstände und was weiß ich sonst noch alles.
Ich hörte auf zu schreiben. Für lange Zeit.

Mein Vater

Mein Vater schälte Äpfel auf seine Weise: behutsam. Geduldig. Er schob das scharfe Messer dicht unter der Schale vorwärts, eine dünne, immer länger werdende Schalenschlange ringelte sich auf dem Tisch. Sie riß nicht ab, bis der Apfel sauber geschält war. Mein Vater lächelte, weil ich ihn bewunderte.

Ich glaube nicht an meinen Tod
und an deinen nicht, Vater.
Es sind die anderen, die uns für sterblich halten.

Mein Vater spielte Schach auf seine Weise vertieft in ein Spiel, bei dem er die Chance hatte, ein Sieger zu sein. Er kannte die Strategien, rechnete mit starken Gegnern und spielte vorsichtig, behutsam. Er gewann viele Spiele, brachte von Turnieren zinnerne Becher und silberne Plaketten nach Hause. Mein Vater umschloß die Schachfigur mit langen, geschlossen nebeneinandergelegten Fingern. Zögernd schwebte seine Hand über dem Brett, als püfte er bis zum letzten Augenblick seinen Entschluß, dann beendete er den Zug. Zu Hause galten seine Siege nichts.

Nein, wir freunden uns nicht an
mit einem, der uns vernichten wird.

Es war Sommer, und mein Vater begann zu sterben.
Auf seine stille Art, vorsichtig. Er wollte nicht stören.
Nicht stören beim Familienfest, Kinderkommunion in unserem Haus. Gäste, festliche Tafel, guter Wein, das alles nicht mehr für ihn. Er setzte sich abseits, und wir ließen ihn allein. Wir feierten, er horchte seinem schweren Atem nach, verkroch sich in seinen Körper, plagte sich mit seiner Schwäche.
Lachend im weißen Kleid, streichelte ihn sein Enkelkind, sekundenlang „Feiert schön, ich lege mich ein bißchen hin. Laßt euch nicht stören!"

In einen Topf geworfen
bei geschlossenem Deckel gargekocht
Angst siedet uns weich.

Aber Hoffnung. Jeder neue Tag zerstörte sie mehr. Jeden Tag starrte er in das blutgefüllte Klobecken, er hustete, spuckte aus, und das Becken füllte sich rot von seinem Blut. Entsetzen breitete sich aus, glühende Welle hinter den Augen, eiskalter Strom bis in die Fingerspitzen.
„Das kann nicht gutgehn."
Nicht die Gedanken machen uns vertraut mit dem Tod. Es ist der Körper. Sein Körper trieb Schreckenssignale in sein Gehirn. Sie trafen

nicht jene Stelle, wo Vernunft und Überlegung für Notfälle Beschwichtigungssätze gespeichert haben: Wir müssen alle sterben, davon ist keiner ausgenommen, auch ich nicht. Auch ich nicht. Die Signale lösten eine Überschwemmung aus, eine Flutwelle: Angst. Mein Vater drückte auf den Knopf der Wasserspülung, wirbelnd und rauschend verschwand das Rot. Jetzt war alles wieder weiß, alles so weiß, wie es sich gehörte.

Ach, lange Wege legst du zurück
enge Gassen, Großstadtstraßen, Korridore,
von Rabatten gesäumte Parkwege,
einmal im Menschengespann
zusammengeschirrt mit leichten Bändern.
Spät. Es ist spät.
Und eng. Sie haben dich gefangen.
Münder sprechen:
Wir haben dich.
Du bist ins Netz gegangen
ohne es zu wissen.

Mein Vater beschloß, einen anderen Arzt aufzusuchen. Was machte er denn schon, sein langjähriger Hausarzt? Gar nichts. Half er ihm? Stillte er das Blut? Nein, er konnte ihm nicht mehr vertrauen. Jetzt, wo es darauf ankam, wirksame Mittel einzusetzen, Kunst anzuwenden, fühlte er sich im Stich gelassen. Er mußte einen anderen Arzt aufsuchen. Er konnte nicht auf ein neues Quartal, auf einen neuen Krankenschein warten. Es machte ihn ungeduldig, ja zornig, daß seine Frau die Notwendigkeit nicht einsah. Mein stiller Vater ließ ein geringfügiges Stück lebenslangen Zorns hervorbrechen, weil er nicht wichtig genug genommen wurde, weil für ihn immer alles gut genug gewesen war, weil er immer im Hintergrund gestanden hatte. Aber jetzt mußte sie den Ernst der Lage erkennen. Oder immer noch nicht?

Er ging zu einem Homöopathen von gutem Ruf. Er gab ihm Arznei und Hoffnung. Gewissenhaft nahm er die Medikamente, beobachtete sich und wartete auf die versprochene Heilwirkung. Das Bluten der Lunge verringerte sich, aber er fühlte sich elend. Eine Verwirrung des Bewußtseins erschütterte ihn tief. Er ließ die Medikamente wieder weg, besuchte die Praxis des Arztes ein zweites Mal, aber der war verreist.

Der Arzt machte eine Urlaubsreise, während er zugrunde ging. Das war ungerecht. Die wichtigste Figur in seinem Endspiel, die eine, die zwischen ihm und dem Tod stand, fiel aus. Hilflosigkeit und Zorn ließen ihn aufbrausen. Er wollte nicht ohne Kampf verlieren.

Die Wellen des Zorns
brachten alte Geschichten hoch
ein liebetrockenes Elternhaus
in einer Wolke trister Frömmelei
in langer Geschwisterreihe einer der letzten
er war nicht wichtig
Arbeitslos
Schönschrift für Bewerbungsschreiben
lange Lebensläufe
verheiratet, ein Kind,
einer unter vielen im Heer kaufmännischer Angestellter
Gehaltserhöhung?
Krieg — und alle Habe verloren
Einmal hatte er es faustdick hinter den Ohren gehabt.
Bescheiden,
bescheiden hatte ihn das Leben gemacht.
Und der schlimmste aller Kämpfe: mit seiner Frau.
Nie war er erfolgreich genug
tüchtig genug.
Niederlagen.
Er konnte die defekte Türklingel nicht reparieren
besorgte die falsche Packung von irgendwas
Gardinen verhedderten sich beim Aufhängen.

Er hatte sich immer geschlagen gegeben, wenn er geschlagen war. Auch dazu gehörte Mut. Aus den Resten des Kampfes hatte er ein bißchen Frieden gemacht. Das war seine Stärke, rettete seine Güte, seine Freundlichkeit, seine warme Empfänglichkeit für alles Schöne und für jedes Zeichen der Liebe, das ihm entgegengebracht wurde.

„Schon wieder geht ein schöner Tag zu Ende“. Oft gesprochen, so hab' ich es im Ohr.

Er wollte sich nicht trennen.

Er fand keine Ruhe mehr.

Angst trieb ihn umher. Er wollte sich nicht alles nehmen lassen. Nein, seinen Schachabend einmal in der Woche wollte er nicht versäumen. Diesmal nicht. Er fühlte sich schwach, aber allem zum Trotz, er ging. Er hielt den Ausflug nicht durch. Ein Taxi brachte ihn nach Hause. Er war verwirrt, fast bewußtlos. Brille und Geldbörse hatte er verloren. Er war zum letzten Mal in seinem Schachverein gewesen. Er wußte es.

Sein Sterben schritt fort in Stationen. Eine jede engte ihn schrecklicher ein, beschränkte ihn mehr.

Wir sahen es. Aber schnitten seine Grenzen auch in unser Fleisch?

Ich hatte Angst, aber atmete ich mit seiner Lunge? Nein, ich ging nicht mit seinen versagenden Beinen, seine Schwäche war nicht meine Schwäche. In meinen Fingern pulste das Blut, seine wurden immer kälter.
Aber noch wohnte er zu Hause, stand auf, wenn ihn die Unruhe trieb, tastete sich ins Badezimmer.

Hinter den Fenstern stand der späte Sommer.
Die Früchte des Jahres reiften.

Der Weg ins Badezimmer — eine unüberwindliche Strecke, dennoch, er versuchte es, er stürzte, blieb hilflos liegen, Mutter wollte ihn aufrichten, stützen, es gelang nicht. So kroch er die Hunderte von Zentimetern langsam zurück.
Jetzt sollte er ins Krankenhaus gebracht werden. Er sah uns an.
Ich fühlte sein Entsetzen.
Mein Vater und ich waren allein. Er lag, von vielen Kissen gestützt in seinem Bett, der einen Hälfte des Ehebetts.
„Ich kann mich nicht mehr rasieren!" sagte er. „Kannst du mich rasieren?"
Ich schloß den Elektrorasierer neben seinem Bett in der Nachttischlampensteckdose an. Die Schnur reichte gerade bis zu seinem Gesicht. Ich rasierte ihn. Er war zufrieden. Er strich über sein glattes Kinn.
Er lächelte. „Du kannst aber auch alles!" sagte er zärtlich.
Du hast gelächelt, Vater. Du hast mich gelobt. Immer hast du mich gelobt.
„Mit mir geht es zu Ende", sagte er ruhig. „Sei nicht traurig. Ich habe mich damit abgefunden. Weißt du, wenn man nichts mehr tun kann, nicht einmal die Beine tragen mich noch, ich falle einfach hin, dann hat es auch keinen Sinn mehr. Ich habe ja lange gelebt, ich bin ja alt geworden, und dann ist es eben einmal zu Ende."
Du hast es ausgesprochen, Vater.
Ich nahm seine Hände. Ich wußte nichts zu sagen.
„Du bist mutig, Vater."
Er staunte über diesen Satz.
„Mutig?" wiederholte er fragend.
Ja.
Er kam ins Krankenhaus. Ein Dreibettzimmer mit zwei unfreundlichen, ungeduldigen Patienten, die sich sehr bald gestört fühlten von einem, der trotz aller Schlaftabletten und Beruhigungsspritzen gegen die letzte Ruhe ankämpfte. Eine tiefe Not trieb ihn aus dem Bett. Er stürzte.
Man legte ihn in ein Einzelzimmer.

Er wurde nicht mehr richtig wach, aber im Dunkel seiner Träume trieb ihn der Lebenswille zu immer neuen Fluchtversuchen. Er mußte entkommen, er mußte versuchen zu entkommen. Er würde frei sein, wenn er entkommen konnte.
Man baute ein Gitter um sein Bett.
Einmal noch aufrecht sitzen.
„Ist es so richtig?"
„Nein, nein."
Seine Hände irren auf der Bettdecke, sie tasten, suchen, greifen, flattern, klopfen. Seine Hände sind noch beweglich. Man setzt ihm ein Katheder. Es belästigt ihn.
Nun fesselt man seine Hände.
Ich gebe ihm meine Hand, er faßt sie. Ich trage einen Ring, den er abfühlt, abtastet, er will erkennen, was das ist, ein Ring.
Solange ich da sitze, reiben die Finger an meinem Ring.
Welche Wege legst du zurück, Vater? Du sprichst davon, aber wir verstehen dich nicht. Du beschreibst deine Not, aber deine Sprache ist von uns abgekehrt.
Du suchst unsere Antwort. Ja. Ja, sagen wir. Hörst du uns?
Nur noch deine Augen wandern hin und her, halten uns fest, verlieren uns. Nur noch die Augen.
Nur noch die Augen sind frei. Niemand kann sie festbinden wie deine Hände.
„Mach doch die Augen zu, schlaf ein bißchen!" sagt meine Mutter.
„Nein", stößt du hervor. Es ist dein letztes Wort, das uns erreicht: „Nein". Ich verstehe dich.
Nicht noch mehr Fesseln und Grenzen, weiter geht es nicht mehr.
Nicht auch noch die Augen.
Sie fangen auch die Augen ein.
Nach den Augen den Atem
das Herz.
Ach, du stiller Mann. Nichts wert ist meine Trauer. Wenn nur du es geschafft hast, darf ich nicht trauern.
Du hast es geschafft. Du hast deine letzte Partie gewonnen.
Ach, ich bin gierig auf scharfe Gewürze,
seit du dalagst, mein Vater,
die Hände gefaltet,
die Augen geschlossen
und so still
daß ich gut ohne Ohren leben kann
mit meinem Toten.

Nachbarinnen

Ich erzähle die Geschichte von außen. Ich wurde um Rat gefragt und habe keinen guten Rat gewußt. Vielleicht weiß jemand, was ich hätte raten sollen. Ich stehe nicht gerne da, hilflos, mit hängenden Schultern.

Ich kenne Fräulein Lansing ganz gut, sie und ihre Mutter, wie sich Nachbarn kennen, etwas besser, aber nicht so gut wie Freunde. Ich hatte Verständnis für Fräulein Lansing: ich erkannte in ihrem Wesen eine wilde Entschlossenheit zu leben. Sie war darauf aus, etwas in den Griff zu kriegen, ihr persönliches Glück, was das auch sein mochte. Ich folgte ihren Anstrengungen, ihren schwungvollen Entwürfen, ihrem Tatendrang. Ich knüpfte Hoffnungen an ihre Erprobungen — ich hätte ihr neidlos jeden Erfolg gegönnt — vielleicht nach einer Anstandspause hätte ich nach ihrem Rezept ebenfalls einen Vorstoß in Richtung auf Glück und Erfüllung gewagt.

Soweit kam es jedoch nie. Aus irgendeinem Grunde erwiesen sich die Wege als Irrwege, die Verheißung entpuppte sich als Reklametrick, es gab keine Sättigung.

Wer nicht satt wird, ist gierig. Sie war gierig, ist gierig. Ich auch. Ich zeige es nur nicht. Was ich zeige, ist ein teilnahmsvolles Interesse, das Fräulein Lansing jeweils wohlwollend befriedigt, während sie viel zu sehr mit sich selbst beschäftigt ist, um die Hintergründe meines Interesses erforschen zu wollen.

Wir wohnen schon seit Jahren zusammen in einem Mietshaus. Sie hat sich hier nie wirklich heimisch gefühlt. Sie hatte mir erzählt, daß sie und ihr Muttchen aus einem anderen Land kamen, das zum Land der unbegrenzten Glücksmöglichkeiten wurde, weil es unerreichbar war: Oberschlesien. Irgendwo hinter Breslau muß ihr kleines Gehöft gelegen haben, am Ufer der Oder, die im Frühling über die Ufer tritt und träge dahinzieht, ein mächtiger Spiegel der Tage. Sie war ein junges Ding, als sie mit dem großen Treck in den Westen geschleust wurde, der einzige Festpunkt in der aufgelösten Welt war ihre Mutter. Muttchen. Der Vater war im Krieg gefallen.

Als Fräulein Lansing mit ihrer Mutter in unser Haus einzog, hatten sie beide die schlimmsten Stürme der Nachkriegszeit überstanden: man war täglich satt, gut gekleidet, hübsch eingerichtet. Einem Talent zum Zeichnen und zäher Arbeit verdankte Fräulein Lansing eine gute Stellung in einem Architektenbüro, wo sie als technische Zeichnerin begonnen hatte, jetzt aber viele selbständige Aufgaben erledigte. Sie hatte eine Lebensstellung dort, also keine finanziellen Sorgen. Es ging den beiden Damen gut. Noch ging es Muttchen gut.

Schon als sie in unser Haus einzogen, war Muttchen an die achtzig Jahre alt, aber lebhaft, gut zu Fuß und anspruchsvoll: sie verlangte nicht etwa Kleider oder Wohnkomfort, aber Aufmerksamkeit, Interesse, Zuneigung. Man merkte das gleich, sie dirigierte ihre Tochter, gab Anweisungen, ordnete Pausen an und bestand darauf, in jedes Gespräch einbezogen zu werden. Fräulein Lansing mit ihren vierzig Jahren erschien als die junge, strahlende Ausgabe ihrer Mutter. Vital, hübsch, lebhaft, neugierig, sportlich — sie hatte den unbestimmbaren Geruch des Glücks in der Nase und blieb auf seiner Fährte.
Damals habe ich sie beneidet. Sie war irgendwie ständig auf dem Sprung, etwas Neues zu beginnen, sich dem Fremden zu öffnen, ja, sich auf Ungewisses einzulassen, und das alles mit einer heiteren Naivität, als hätte sie noch keine Enttäuschung hinnehmen müssen.
Ich bemerkte das alles so überscharf, weil ich sie mit mir und meinen eigenen vierzig Jahren verglich. Ich hatte mich in meinem Leben eingerichtet, ich hatte Sicherungen eingebaut, damit die schöne, ungestörte Harmonie meines glücklosen Lebens nicht in Aufruhr versetzt werden konnte. Ich kam von einem Tag in den anderen. Man braucht nicht unbedingt Glück, wenn das Leben, das man führt, an keiner Stelle unbequem und drückend ist.
Jeglichen Kummer bereitete ich mir selbst, etwa durch unvorsichtig genährte Hoffnungen, Erwartungen, von denen man ja weiß, daß sie nicht in Erfüllung gehen.
Ich wollte nicht neidisch sein. Warum auch? Mußte nicht das Ergebnis ihrer Mühe eben das Leben sein, an das ich mich schon gewöhnt hatte?
Es dauerte nicht lange, da verfolgte ich das Absterben einer Liebesbeziehung: ein Mann (vielleicht verheiratet?), der Fräulein Lansing zunächst jede Woche zwei- und dreimal besuchte, sie abholte und heimbrachte, schränkte seine Zusammenkünfte ein, endlich wartete ich vergeblich zu gewohnten Treffzeiten am Fenster. Er kam nicht mehr.
Sie war niedergeschlagen. Ich auch.
Sie erzählte mir eines Tages mit einer deutlichen Anspielung auf die mißglückte Liebesgeschichte, sie habe keine Lust, das Unwiederbringliche zu betrauern, sie wolle eine Heiratsannonce aufgeben und mal sehen, was daraus würde.
Ich war fasziniert von der Vorstellung, daß man ganz gezielte Vorstöße unternehmen könnte, daß man seine Wünsche selbständig offenbaren konnte, weithin sichtbar in einer Zeitung als Annonce. Ich hatte irgendwie den Eindruck, unerfüllte Wünsche hätten etwas Beschämendes an sich, ich verbarg jedenfalls meine Sehnsucht zu lie-

ben, wie ich einen häßlichen Schorf meiner Haut verheimlicht hätte. Sie brachte mich auf den Gedanken, nicht mein Mangel an Liebreiz sei schuld an meiner Einsamkeit, sondern meine Tarnkappe der Selbstgenügsamkeit.
Ich erkundigte mich so intensiv nach den Einzelheiten ihrer Pläne, daß sie erheitert meinte, wir könnten uns das Angebot an Männern gemeinsam anschauen, und ich könnte mir auch einen aussuchen.
Das sollte natürlich ein Scherz sein. Für mich kam so etwas nicht in Frage. Wie konnte ich auf Angebote eingehen? Ein Angebot macht einen Gegenwert notwendig. Was hatte ich zu bieten? Aber sie stürzte sich auf den Heiratsmarkt.
Es gibt — wie ich feststellte — so viele Menschen, die auf der Suche nach einem anderen Menschen sind. Nicht nur die jungen, die ungebundenen, viele, die schon einmal verheiratet waren, enttäuschte, die lieber neue Enttäuschungen riskierten, als auf die Chance des Glücks zu verzichten. Das erschien mir merkwürdig, machte aber die ganze Unternehmung erfolgversprechend.
Ich erlebte Fräulein Lansings Suche mit. Nicht direkt, ich zog Schlüsse aus ihren Aktivitäten. Mehrmals ging sie aus, jedesmal unternehmungslustig, prickelnd, strahlend, keineswegs unsicher, wie man es ja sein könnte, wenn man von einer Begegnung viel erhofft. Mehrmals wurde sie von verschiedenen Männern in verschiedenen Autos abgeholt. Ich verstand nicht, warum sie keine bleibende Beziehung knüpfte. Ihr Weg schien mir, wenn auch für mich nicht gangbar, so doch grundsätzlich richtig, wenn man bedenkt, daß die Einsamen Schritte aufeinander zugehen können, wenn sie wissen, wo ein anderer Einsamer wartet.
Sie sagte, sie sei lauter Egoisten begegnet, mit denen man nicht leben könnte. Jetzt hätte sie ihr Interesse für Yoga entdeckt und besuche einen Kursus der Volkshochschule.
Ich hatte schon von Yoga gehört, es erschien mir als eine viel zu intensive Beschäftigung mit sich selbst. Ich hatte mich darin geübt, von mir selbst abzusehen, ich konzentrierte mich auf meinen Beruf, ein befriedigender Beruf übrigens, und darüber hinaus auf die Menschen in der Umgebung, ich war mehrfach Patentante, meine Eltern wurden alt und brauchten mich, ja Fernsehen, Kreuzworträtsel, Urlaub. Was soll schon dabei herauskommen, wenn man sich in sich selbst versenkt? Daran knüpfte ich keine Erwartungen.
Auch bei Fräulein Lansing dauerten die Yogaerfahrungen nur ein Semester lang, dann gab sie den Kursus auf.
Eigentlich halte ich mich viel zu lange bei Fräulein Lansing auf, wo doch dieser Bericht mehr noch ihrer Mutter gilt. Aber was ich über

die Tochter erzählt habe, charakterisiert auch die Mutter. In Vitalität und Unbesiegbarkeit waren sie einander ebenbürtig. Die Mutter hatte ihren Tatendrang zeitlebens nötig gehabt, um die Grundlagen ihrer Existenz zu erarbeiten oder zu sichern, sie hatte auch um ihr persönliches Glück gekämpft: für Eier im Pfannkuchen, die warme Decke im Bett, ein paar Seidenstrümpfe zum Fest. Sie hatte auch immer Glück gehabt: sie konnte ihre Erfolge mit Händen greifen, mit der Zunge schmecken. Jetzt war sie alt, zerbrechlich, hinfällig. Sie ging allein nicht mehr aus dem Haus. Aber immer noch kämpfte sie: sie hielt sich wach für die Heimkehr der Tocher. Sie bestand auf dem kleinen langsamen Spaziergang durch den nahen Park. Sie zählte Minuten und Stunden, die Fräulein Lansing ihr zu widmen hatte und geizte damit, ja es wurden erregte, sogar bissige Debatten darüber geführt, ob nicht die Tochter die Mutter vernachlässigte, ob nicht die Tochter auf Kurse, Fortbildung, Amüsement, kurzlebige Freundschaften zu verzichten habe, war doch niemand so treu wie sie, die alte Mutter. Sie verrichtete keine Arbeit mehr im Haushalt, so daß Fräulein Lansing nach ihrem anstrengenden Arbeitstag noch dies und das, Putzen, Waschen, Bügeln, vor allem aber Kochen und Spülen erledigen mußte.

Und manchmal kam sie spät: die alte Frau saß starren Blicks am Fenster, rührte sich nicht, auch wenn es dunkel wurde, die Laternen angingen und die Straße stillblieb ohne Schritte und Stimmen. Einmal kam die Tochter erst um Mitternacht vom Betriebsausflug zurück, und sie fand Muttchen steif vor Anspannung und enttäuschendem Warten. Sie mußte langsam aus der Starre geweckt, massiert, gestreichelt und ins Bett getragen werden.

Danach gab sich Muttchen nicht mehr die Mühe aufzustehen, ja sie machte die Hosen voll, und es schien ihr nicht einmal unangenehm zu sein. Sie verweigerte das Essen. Fräulein Lansing besorgte eine Gemeindeschwester, die Muttchen jeden Morgen fütterte, saubermachte und nach dem Häppchen Mittagessen in einem frischen Nachthemd und frischem Bett verließ. Im Laufe des Nachmittags besudelte Muttchen das Bett ganz und gar, und Abend für Abend schlug Fräulein Lansing an der Wohnungstür der Gestank von Ausscheidung, von Alter und Tod entgegen.

Aber Muttchen starb nicht. Sie war nur noch ein Bündel aus Haut und Knochen, aber fast gesund und voller Wünsche, Bedürfnisse und Ansprüche.

Fräulein Lansing geriet in eine Zwickmühle: es war selbstverständlich, daß Muttchen ein Recht auf sie hatte, aber wie sollte sie ihren Bedürfnissen gerecht werden? Sie konnte ihren Beruf nicht aufgeben, sie konnte nur schweren Herzens ihren wöchentlichen Fortbildungskursus fallen lassen, obgleich er ihr gerade jetzt ein gewisses Gefühl von Selbstbestätigung vermittelte, das sie brauchte. Es war schrecklich für sie, mit dem eigenen Egoismus derart konfrontiert zu sein, daß ein Ausweichen unmöglich war. Eine Zeitlang gab sie sich der Hoffnung hin, beider Menschen Egoismus befriedigen zu können, aber sie zerrieb sich in dem unauflöslichen Widerspruch.

Sie fragte um Rat. Und wenn sie fragte: „Wäre Muttchen nicht in einem Altenpflegeheim besser aufgehoben als hier bei mir?“ So war der Inhalt ihrer Frage: „Kann ich mich der Belastung entziehen, die Muttchen jetzt für mich bedeutet?“ Und sie legte dem Ratgeber die Lösung in den Mund: „Ich habe doch auch ein Recht zu leben!“

„Natürlich!“ sagte ich zu ihr. Und wie ich später erfuhr, hatten auch andere Leute zu ihr gesagt: „Natürlich ist Muttchen ein Pflegefall für ein Heim. Sie können sie ja jeden Tag besuchen! Und — natürlich haben Sie ein Recht zu leben!“

Ihr Recht zu leben war Muttchens Pflicht zu sterben.

Fräulein Lansing entschied sich für ihr Recht zu leben. Muttchen kam in ein Pflegeheim. Der Arzt gab ihr eine Spritze, damit ihr der Abtransport nicht bewußt wurde. Sie wachte gegen drei Uhr nachmittags in der hygienisch einwandfreien, weiß-grünen Atmosphäre eines Krankensaals auf. Sie erkannte in der makellosen Wäsche greisenhafte, fremde Gesichter um sich herum.

„Wo ist meine Tochter?“ fragte Muttchen eine freundliche Pflegerin.

„Sie darf Sie erst morgen besuchen! Morgen ist Besuchstag!“

„Sie soll sofort kommen!“ verlangte Muttchen.

„Das geht nicht, Frau Lansing. Ihre Tochter arbeitet noch. Morgen ist Besuchstag.“

Kaum hatte Muttchen begriffen, daß es aussichtslos war, durch Bitten zu erreichen, was sie dringend brauchte, nämlich die Gegenwart, die Nähe, die Berührung ihrer Tochter, da begann sie zu schreien.

Später versuchte Fräulein Lansing diese Schreie zu beschreiben, wie man sie ihr beschrieben hatte. Ich hörte die Schreie in meinem Ohr. Ich mußte mir die Ohren zuhalten und wurde sie doch nicht los. Ja, ich begriff, daß sie schrie ohne aufzuhören, mit aller Kraft, die in ihrem Körper steckte. Auf eine merkwürdige Weise war ich in einem Einverständnis mit ihrem Schrei, er zerriß meine inneren Ohren. Ich hielt mir den Mund zu, wie leicht können einem Schreie entfahren, sinnlos, sinnlos, wie es scheint.

Wieviel Kraft in ihrem entkräfteten Körper vorhanden war, erstaunte alle. Zunähst hatte die Pflegerin gedacht, wenn man sich nicht um sie kümmerte, würde das Schreien ganz von selbst aufhören. Dann glaubte man, es ließe sich durch Versprechungen beenden, durch Strenge abblocken, etwa nach einer Stunde rief man den Arzt, weil Fräulein Lansing noch nicht eingetroffen war. Sechzig Minuten ununterbrochenes Geschrei sind unerträglich. Der Arzt gab der alten Frau eine Spritze, der Schrei erstarb ihr auf den Lippen, als ihr Bewußtsein schwand.

Die Spritze wirkte etwa zwei Stunden, und Muttchen begriff, daß sie noch immer allein, das heißt ohne ihre Tochter, in dem grellsauberen Saal lag. Sie machte den Mund auf und ließ ihre Schreie heraus, pausenlos und mit aller Kraft.

Diesmal hatte man die Tochter innerhalb von einer halben Stunde herbeigeholt.

Das Geschrei hörte auf. Fräulein Lansing rüttelte ihre Mutter und sagte deutlich und grob:

„So geht das nicht!" Muttchen verstand, lächelte und fiel sofort in einen Schlaf der Erschöpfung.

Noch vor dem Frühstück am anderen Morgen begann Muttchen wieder mit dem pausenlosen Schrei. Sie wurde in ein Kämmerchen geschoben, wo man sie so lange schreien ließ, bis der Arzt zur Visite kam. Muttchen starrte ihn an, wie sie vorher die Wände angestarrt hatte, sie hatte keine Kraft mehr. Sie verstummte. Der Arzt machte trotzdem eine Spritze fertig, aber als er sich der Patientin zuwendete, war kein Leben mehr in den starren Augen. Muttchen war tot.

Ich hatte Fräulein Lansing den Rat gegeben, Muttchen in dieses Pflegeheim zu schicken. Mein Rat war Muttchens Tod, jedenfalls hatte die alte Frau dafür gesorgt, daß keine Zweifel darüber bestanden, wer und was sie umgebracht hatte.

Was hätte man raten sollen. So oder so, es gibt kein Genügen.

Feuerdorn im Nebel

Dieses eine Mal wollte er keinen Wert auf Vollkommenheit legen. Dieses eine Mal nahm er einfach an, was kam.

Er durfte sich keine großen Hoffnungen machen. In seinem ordentlichen, fast gradlinigen Leben, das jetzt nach seiner Pensionierung noch ein paar ordentliche, gradlinige Jahre für ihn bereithielt, hatte er eines gelernt: Erwartungen erfüllten sich nicht. Neben dem Glanz leuchtete unverschämt das Schäbige, neben jeder Erfüllung gähnte Leere.

Solche Lektionen zu lernen, macht trocken. Er erlegte sich Entbehrungen auf, damit keine Wünsche schmerzten, die unerfüllbar sind. Und doch, seit einiger Zeit fühlte er sich unsicher, mehr noch, seine Verbitterung bekam Risse. Abends lag er im Bett wach und erlaubte sich, ein Spiel zu spielen: „Was wäre, wenn sie mich ein wenig liebte?"

Er kam nicht weit, weil seine Vorstellungen dort endeten, wo er sein Gesicht an ihre Wange legen konnte, neben ihr Haar. Sein an sachlichen Bezügen geschultes Bewußtsein schaltete vollkommen aus. Er war frei für die überwältigende Berührung mit ihrer Haut, ihrem Haar, ihrem Duft, ihrem weißen Kragen am Hals.

Welch eine unwirkliche Seligkeit! Wie er dazu gelangen sollte, wußte er nicht. Wie überhaupt nähert man sich einem anderen Menschen? Wie überhaupt überwindet man den Abstand, der jeden umgibt? Er überging die Schwierigkeiten, vielleicht weil er dachte, er könnte das Ziel seiner Wünsche doch nie erreichen. Und so spielte es auch keine Rolle, was er sagen würde oder sollte, wenn er sein Gesicht wieder von ihrer Haut wegnehmen mußte. Er konnte es ja nicht für immer an ihrem Hals ruhen lassen. Welche Worte er dann sagen müßte, welche Gesten am Platz wären, das alles brauchte er nicht durchzuspielen und auszumalen, darauf konnte er verzichten, denn so weit würde es nicht kommen.

Der Morgen begann mit Nebel. Er füllte die Zwischenräume zwischen Baum und Baum.

Der Mann hatte nichts gegen Nebel. Er fand, Nebel schaffte Kontakte, er war ein Gemeinsames für all die unverbundenen Lebewesen da draußen. Er rechtfertigte einen solchen Satz: Wir sind alle im Nebel. Einen solchen Satz konnte man niemandem mitteilen. Er hätte ihn gerne Margaret gesagt, er konnte sich auch vorstellen, daß sie ihn verstand. Sie war die einzige, für die er seine Einsichten formulierte, nein, nein, das stimmte nicht ganz: er hatte immer versucht, knappe Sätze zu prägen über Sprünge in Tassen, schadhafte Stellen im Glück.

Wir sind alle im Nebel, dachte er mit zärtlichen Gefühlen. Wie überflüssig war die Frage, ob eine Liebe bei einem Mann jenseits der Altersgrenze passend wäre. Seine Liebe paßte ihm, gewiß, sie paßte nicht recht in sein eingezäuntes Leben, zwischen ihn und seine Ehefrau, zwischen ihn und seine Tochter, in dieses gepflegte Reihenhaus mit Eckgrundstück und dem prachtvollen Feuerdorn.
Der Feuerdorn war immergrün, sommers und winters, im Frühling blühte er über und über, im Herbst besteckte er sich mit roten Beeren, die die Vögel nicht naschten, weil sie giftig waren. Vielleicht sollte er ihr einmal sagen: Meine Liebe ist ein Feuerdorn! Sie würde rot werden wie ein junges Mädchen, obgleich sich ihre Jugend schon in ihre Erinnerungen versteckte. Manchmal beim Erzählen errechnete sie den Abstand zwischen einst und jetzt mit zwanzig oder dreißig Jahren, erschreckende Zeiträume für jemand, der kritisch in den Spiegel blickte.
Er kannte ihre heimlichen Spiegelsorgen, er hatte sie so gut beobachtet. Sie sollte alle ihre Spiegel lassen und ihn ansehen. In seinen Blicken war sie schön. Er konnte den Glanz der Liebe über alles legen, was wehtat oder angst machte.
„Es ist nebelig draußen!" sagte seine Frau. „Es gibt sicherlich Verkehrsstauungen."
Ihm war der Verkehr gleichgültig, er fuhr kein Auto, er nahm den Bus in die Stadt. Sein Verzicht auf ein Auto wirkte wie Sparsamkeit. Heutzutage hatte Sparsamkeit etwas Lächerliches an sich, er selbst hatte etwas Lächerliches an sich. Manchmal kam ihm ein wenig davon ins Bewußtsein, aber es schien ihm nicht wert, den Ursachen dafür auf den Grund zu gehen.
Er beendete sein Frühstück, trank den letzten Tropfen Kaffee aus seiner Tasse und strich die Krümel seines Frühstücksbrotes mit der Fingerkuppe zusammen. Zum Schluß drückte er den Finger auf das kleine Häufchen, daß die Krümel haften blieben und aß sie auf.
Seine Frau hatte keine Last mit Resten, die er stehen ließ, er nahm maßvoll von allem Dargebotenen und vertilgte es mehr pflichtbewußt als genüßlich. Seine Augen waren nie größer als sein Bauch, was auch immer diese alte Redensart seiner Mutter bedeuten mochte.
„Nimmst du einen Schirm mit?" fragte seine Frau. Ein Schirm war lästig, man konnte ihn im Bus vergessen, man hatte ihn in der Hand, wenn man die Hand vielleicht für etwas anderes gebrauchte. Ein Schirm machte unbeweglich.
„Nein", sagte er.
„Sie sollten dir eigentlich für deine Arbeit etwas bezahlen!" sagte seine Frau und bürstete ein paar Flusen von seinem grauen Mantel.

„Laß uns nicht wieder davon anfangen. Mir macht es Spaß, eine Weile an meinem alten Arbeitsplatz zu sitzen. Ich kann mir einbilden, es hätte sich nichts verändert."
„Laß es nicht zur Gewohnheit werden, die nützen das aus!"
„Ich werde es eine Gewohnheit werden lassen!" sagte er, um das hier zwischen Tür und Angel klarzustellen.
„Dann habe ich etwas, auf das ich mich die ganze Woche freuen kann. Das brauche ich."
„Und was habe ich?" fragte sie, plötzlich angriffslustig, weil er sich ein Vergnügen verschaffte, von dem sie gänzlich ausgeschlossen blieb. Nicht nur, daß sie nicht verstehen konnte, was ihm Vergnügen bereitete, es war ein Vergnügen ohne sie. Sie waren sich fremd. Sie hatte keine Ahnung, daß es sich nicht nur um ein Vergnügen handelte, auf das man auch verzichten kann, sondern um den brennenden Mittelpunkt seines Lebens. Sie konnte sich überhaupt nicht vorstellen, daß es so etwas in seinem Leben gab: einen brennenden Mittelpunkt. Immer maßvoll, immer freundlich kühl hatte er sie neben sich vertrocknen lassen. Er hatte immer Kleingeld gehabt, nie einen Tausendmarkschein gewonnen, nie einen verloren.
„Auf Wiedersehn!" sagte er. „Mach dir auch eine Freude!"
Sie tat ihm leid. Sie lebte in diesem Leben, das keine Vollkommenheiten besaß. Er kannte es. Was immer man mit Abstand betrachtete, konnte nicht vollkommen sein. Erst jetzt, da er bereit war, den Abstand zwischen sich und einem anderen Menschen, zwischen sich und den Kontrollinstanzen seines Ichs zu überwinden, erst jetzt, da er nicht mehr betrachtete, sondern fühlte, begriff er halbwegs, woraus seine ermüdenden Enttäuschungen erwachsen waren.
In den letzten Wochen hatte er gelitten. Nicht etwa maßvoll und gefaßt. Der Schmerz der Leere hatte ihn geschüttelt. Manchmal hatte er sich auf einen Stuhl gesetzt, ganz still, mit geöffnetem Mund, nichts wahrnehmend als seinen Schmerz. Er hoffte, er würde aus seinem offenen Mund herausfahren, denn er ertrug ihn nicht länger. Es verschaffte ihm Erleichterung, sich etwas gehen zu lassen, ja er hatte sich sogar erlaubt, einmal erlaubt, zu weinen. Aber die Tränen hatten ihn so weit von sich selbst weggerissen, daß er nun bemüht war, diese unkontrollierbare Flut in ihren Dämmen zu lassen.
Daß er fühlen konnte, daß er die Liebe zu Margaret fühlen konnte, das brachte eine schreckliche Feinfühligkeit mit sich: er mußte die Leere all dieser Jahre fühlen, in denen er nichts gefühlt hatte, in denen er die erzwungene Bescheidenheit geübt hatte angesichts der Unvollkommenheit aller Erlebnisse wie Urlaub, Hausbesitz, Ehe, Vaterschaft.

In all seinen Leiden schätzte er sich doch glücklich, denn es gab den Mittwoch, einen Tag in der Woche, den er in seiner alten Apotheke verbrachte, an seinem Arbeitsplatz, in Margarets Nähe. Sie trug einen weißen Kittel, den weißen Kragen halb verdeckt von braunen Locken, in denen schon graues Haar schimmerte. Sie war verheiratet gewesen, kinderlos und verwitwet.

Er selbst brauchte keinen weißen Kittel, weder rührte er Medikamente an, mischte Chemikalien, noch ging er zum Verkauf an die Theke. Er erledigte gewissenhaft wie früher die Prüfung langer Lieferlisten, Ergänzung neuer Preise, Abrechnungen mit Krankenkassen, langweiliges Zeug, keiner machte das gern, auch Margaret nicht, die ihm in diesem Amt nach seinem Ausscheiden gefolgt war.

Er kam, wie verabredet, um zehn Uhr in die Apotheke. Die Tür öffnete sich automatisch. Er brauchte seine Hände nicht, er hätte alles mögliche mit seinen Händen machen können, sogar ein Schirm stört nicht, wenn sich die Tür zum Paradies automatisch öffnet.

Margaret beschäftigte sich mit der Kontrolle der Bestände in der homöopathischen Abteilung. Er sah das mit einem Blick, er sah auch, daß sie ihn sofort bemerkte und sich freute, ihn zu sehen. Sie freute sich.

Er tat nichts, angefüllt von einer blendenden Seligkeit tat er nichts, nicht einmal die vernünftig normalen Sachen wie „Guten Morgen"-Sagen oder die notwendigen Schritte in den Verkaufsraum.

Er hatte immer Schwierigkeiten gehabt, das Konventionelle lückenlos und in der richtigen Reihenfolge zu tun. Manchmal fehlte eben die logische Beziehung zwischen den Erfordernissen des Alltags und ihm. Er atmete tief und lächelte. Ein paar Gedanken kreuzten sein waches Bewußtsein. Einer davon stellte fest, wie schön Margaret aussah, ihr Lächeln verriet Wärme und Anteilnahme. Ein anderer Gedanke enthielt die Erkenntnis, daß kaum etwas so gleichgültig und unwichtig war wie Vollkommenheit, die er immer mit kritischem Blick gesucht hatte. Diese Situation hier war alltäglich und in keiner Weise für einen Liebenden vollkommen — und doch war er überwältigt vor Glück. Was zählte, war seine Hingabe. Er dachte, daß er über diese Erfahrung unbedingt nachdenken müßte — wenn er wieder zu Hause und wieder aus dem Paradies zurückgekehrt sein würde, denn sie stellte sein ganzes bisheriges Leben in Frage, so als ob er selbst immerfort fehlerhaft gewesen sei und nicht etwa die Welt. Sein wichtigster Gedanke beschäftigte sich mit Margarets Wünschen und Bedürfnissen. Er fühlte sich zuständig für die Erfüllung ihrer Wünsche. Gerade jetzt fühlte er, der Sparsame, sich reich, ihr alles Wesentliche anzubieten und zu verschaffen.

Hellsichtig erkannte er, jetzt, da sie auf ihn zukam, daß er wirklich etwas zu bieten hatte, das sie nicht abweisen würde, nicht nur, weil sie gleich ihm einsam war, sondern weil, was er geben konnte, wichtig war, ganz einfach wichtig war.
Er schüttelte alle Steifheit von sich ab. Er ließ seine Schultern sinken. Seine Gesten waren zärtlich. Merkte sie etwas davon? Natürlich hatte sie schon lange bemerkt, daß er sie liebte. Sie gingen jetzt zusammen in sein ehemaliges Büro.
Sie dachte: er macht jetzt keine Vorbehalte mehr. Er klettert aus seinem lebenslangen Schützengraben heraus. Kein Krieg mehr. Er kommt zu sich und kämpft nicht mehr. Er rührt mich.
Er zog seinen Mantel aus und steckte den Schal in den Ärmel. „Es ist Zeit für eine Frühstückspause", sagte sie freundlich, fast als wollte sie ihn necken.
Sie stand so dicht bei ihm, daß er nur den Arm auszustrecken brauchte, um sie zu berühren.
„Heute morgen", sagte er, „stand unser Feuerdorn im Nebel, und ich dachte daran, Ihnen zu sagen, daß meine Liebe so ein Feuerdorn im Nebel ist."
Er trat auf sie zu, verringerte den Abstand zwischen sich und ihr und streifte mit den Lippen ihre Schläfe.
Es war still, und Margaret rührte sich nicht. Schließlich ging sie zum Schreibtisch.
„Ich habe für unser Frühstück Puddingplätzchen besorgt," sagte sie. „Ich habe daran gedacht, daß Sie heute kommen."
Sie lachte, weil sie seine Liebe und ihre Puddingplätzchen in eine Beziehung gebracht hatte.

Reduziert

Irgendwann nach dem Tod ihres Mannes hatte sie begonnen, den Spielraum ihrer Freiheit einzuschränken. Nicht, weil sie damit einem äußeren Druck folgte — sie engte ihre Freiheit freiwillig ein. Das ist nicht treffend genug ausgedrückt, denn sie hatte nicht die Absicht, sich einzuschränken, sagen wir: sie füllte ihre mögliche Freiheit nicht mehr aus.

Zuerst waren es Kleinigkeiten: in ihrer wohleingerichteten Küche gab es eine Doppelspüle. Ehemals als Hausfrauenluxus begrüßt, verzichtete sie mehr und mehr auf die Benutzung des zweiten Beckens. Sie hielt es blank und sauber, es erfüllte seinen Zweck, wenn es unbenutzt war und glänzte, daran fand sie Gefallen.

Sie ließ Kondensmilch in der Büchse, früher war ihr das undenkbar erschienen, schließlich besaß sie ja mehrere Milchkännchen. Da sie nur eine Tasse mit Untertasse gebrauchte, hielt sie ihr Kaffeegeschirr für zwölf Personen für überflüssig, allerdings nur überflüssig im Hinblick auf den Gebrauch, unbenutzt und glänzend, befriedigte sie der Blick über all diese Tassen, Untertassen, Teller, Kannen, Platten und Zuckerdosen.

Die Wohnung war, objektiv gesehen, zu groß: drei Zimmer, Küche, Bad, alles für eine alleinstehende Frau! Das Erkerzimmer war immer ihr Wohnzimmer gewesen. Am Erkerfenster sitzend, sah sie oft dem flutenden Verkehr in der Großstadtstraße unter sich zu. An Sommertagen zog die Eisdiele im Nachbarhaus die Kinder an, sie beobachtete sie gerne, wie sie hüpfend eintraten und vorsichtig eisleckend wieder herauskamen. Bei Regen amüsierte sie das Rennen und An-die-Hauswand-Drücken der Leute, und ein Hut, der von irgendeinem Kopf geweht wurde, über die Fahrbahn trudelte und endlich eingefangen und notdürftig saubergewischt wurde, erzählte ihr eine Story, die spannender war als ein Fernsehkrimi. Im Winter verzichtete sie auf das Erkerzimmer, es hätte geheizt werden müssen, wozu das, warum? Der Ofen verursachte Schmutz, Asche staubt, und es fielen auch immer Kohlen auf den Blechrand um den Ofen. Sie stellte im Zimmer makellose Ordnung her. Die Kissen mit dem Knick in der Mitte erhielten unverrückbare Plätze, sie kämmte die Fransen der Teppiche und stieß noch einmal die kleine altmodische Perpendikeluhr an. Sie ließ die Tür zunächst offen, weil ihr der Anblick des schönen Zimmers im Vorübergehen Freude machte. Erst später zog sie den Sesseln und Möbeln Schutzbezüge an und richtete das Zimmer auf ihre Abwesenheit ein. Sie schloß die Tür und drehte den Schlüssel um.

Natürlich backte sie keinen Pflaumenkuchen mehr selbst, wenn

Pflaumenzeit war, obgleich sie von ihrer Mutter noch das einzig wahre Rezept für seine Zubereitung wußte. Der Saft der Pflaumen hätte den Herd von innen zu sehr verschmutzt und überhaupt, wer hätte einen ganzen Kuchen essen sollen? Sie kaufte ein Stück in der Konditorei, um verächtlich festzustellen, daß diese Sorte Pflaumenkuchen nicht an ihren oder Mutters heranreichte.
Von einem gewissen Zeitpunkt an — sie hatte gerade ihre Schlafstelle ins Eßzimmer verlegt und auch das große Eheschlafzimmer hinter sich abgeschlossen — verfolgte sie ihre Einengung bewußt und systematisch. Nun hatte sie nur noch einen kleinen Raum zu überblicken, sie sah scharf und aufmerksam: Sobald sie einen Gegenstand gebraucht hatte, beeilte sie sich, den Zustand des Unbenutzten wieder herbeizuführen. Die leergetrunkene Tasse wurde unter fließendem Wasser gespült, blankgewischt und in den Schrank zurückgestellt. Spritzer und Flecken putzte sie sogleich wieder ab. Verließ sie zum Einkaufen ihre Wohnung, machten die Räume den Eindruck des Unbewohnten.
Sie schlief nicht mehr alle Stunden in der Nacht, manchmal kreuzte der Mond den Ausschnitt des Himmels, den sie durch ihr Fenster betrachten konnte, und dann bewunderte sie ihn als Freund und Leidensgenossen, einen, der gleich ihr nutzlos war, sich aber, wie sie selbst es tat, blank hielt. Blank und glänzend.
Es war nicht Sparsamkeit, weshalb sie den Kühlschrank außer Betrieb setzte. Es lohnte sich einfach nicht, für einen allein Vorräte kühl zu halten. Sie brauchte ja nichts zu kaufen, was schnell verdarb.
Der Postbote brachte ihr einen Brief von ihrem Sohn, er wollte sie mit Frau und Tochter ein paar Tage besuchen.
Sie trug den Brief ratlos durch ihre Wohnung, sah alles an, was schon als fertig und erledigt galt. Selbst die Brokatkissen mit den Samträndern bedeuteten ihr nichts mehr. Vergessen. Sie hatte vergessen, wie man sich Brokatkissen wünschen und kaufen konnte, vergessen, wie sie gebraucht wurden.
Sollte sie die Betten beziehen, die Schonbezüge abnehmen? Staub aufwirbeln?
„Ihr braucht mich nicht mehr zu besuchen!“ schrieb sie ohne Umschweife. „In der Wohnung ist kein Platz mehr.“
In der Wohnung war kein Platz mehr für Leben, sie war abgestorben, eine Schale um einen kleinen noch lebendigen Kern: Küche, das ehemalige Eßzimmer, jetzt Wohn- und Schlafraum, das Bad. Aber sie fühlte sich gut als Kern in der Schale.
„Wenn ich sterbe, ist alles in Ordnung“, dachte sie. „Das letzte Geschirr kann ich bestimmt noch wegräumen, dann gehe ich aus dem

Haus." Sie stellte sich jedenfalls vor, sie würde den Tod außerhalb des Hauses erledigen, weil er zuviel Unordnung macht: Und wie sollte sie ein letztes Mal den makellosen Zustand herstellen, der nur entsteht, wenn man nichts mehr braucht, wenn alles ganz nutzlos geworden ist?
Es war ein schwerlastender Regentag, für den sich Sohn und Schwiegertochter angemeldet hatten. Sie fühlte sich nicht wohl, dennoch hatte sie ihr bestes Kleid angezogen und den Kaffeetisch hübsch gedeckt.
Sie wartete. Wie lange hatte sie nicht mehr an ihre große Liebe gedacht? An das Entzücken, noch in der Erinnerung überwältigend, das die beiläufige Zärtlichkeit, die leise angedeutete Zuneigung ihres Sohnes hervorgerufen hatte? Wie lange hatte diese schmerzhafte Wärme nicht in ihr gewohnt, die ein Zeichen der Freude, der Erwartung ist? Jetzt, jetzt füllten sich ihre Augen mit Tränen und spülten die Einsamkeit aus ihrem Bewußtsein. Ihr Herz begann einen verrückten Tanz, einen ganz unglaublich tollen Tanz.
Als es klingelte, war der Tanz zu Ende. Es sah alles sehr ordentlich und blank aus, aber auch lebendig und festlich, sie hatte sogar die Streichhölzer zurechtgelegt, mit denen sie die Kerzen im altsilbernen Leuchter anzünden wollte. Sie wäre gewiß zufrieden gewesen; keine Unordnung, sondern der Glanz eines Festes.

Otti Pfeiffer
Bio-Bibliographie

Otti Pfeiffer, geb. Kaulen
29. 7. 1931 geboren in Wesel a. Niederrhein
Grundschule, Realschule, dann Verwaltungsangestellte Stadt Witten, Abendgymnasium, Abitur 1956, Ausbildung zur Diplom-Bibliothekarin. Heute Hausfrau und Mutter von drei Kindern, teilzeitbeschäftigt in der Stadtbücherei Dortmund.
Literarische Arbeitsgebiete: Lyrik, Erzählung, Kinder- und Jugendbuch, Rezensionen.
Preise: Preis der Leseratten vom ZDF 1983 für das Jugendbuch: „Einer zuviel im Klassenbuch".
Stipendium: Arbeitsstipendium des Landes Nordrhein-Westfalen 1978. Mitglied des Schriftstellerverbandes in der IG Druck und Papier, Mitglied der Internationalen Autorenvereinigung „Die Kogge"

Selbständige Veröffentlichungen: (Lyrik und Prosa)
Widerworte aus der Küche. Wulff, Dortmund 1972. 4. Aufl. 1984.
Mienenspiel der Steine. Wulff, Dortmund 1977.
Kleine Schritte. Tentamen-Drucke, Bad Cannstatt 1979. 2. Aufl. 1980.
Ein Spatz auf dem Roten Platz. Wulff, Dortmund 1982.

Kinder- und Jugendbücher:
Machen wir mal einen Sandsturm. Schroedel, Hannover 1976.
Pascha-Pony. Engelbert-Verl., Balve 1978.
Träume stehen im Stundenplan. Schneider, München 1978.
Zähl bis 100 und du hast gewonnen. Literar. Verl. Helmut Braun, Köln 1978.
So klein mit Hut. Schaffstein-Verl. Dortmund 1978.
Zeit, die durch die Sanduhr läuft. Schaffstein-Verl. Dortmund 1979.
Ein spannendes Buch. Schroedel, Hannover 1980.
Die kleine Fee. Engelbert-Verl., Balve 1980
Ich und du und die andern noch dazu. Schroedel, Hannover 1980.
Der große Olaf und die kleinen Knüpse. Dressler, Hamburg 1980.
Anita Dreckspatz. Schneider, München 1980.
Einer zuviel im Klassenbuch. Dressler, Hamburg 1982.
Auswahlliste zum Deutschen Jugendbuchpreis 1985:
Nelly wartet auf den Frieden. Dressler, Hamburg 1984.
Nicole, 14, wer will schon mit der gehen? O. Maier, Ravensburg 1984.
Freunde läßt man nicht im Stich. Engelbert-Verl., Balve 1984.
Brummi und Mauz auf Wanderschaft. Engelbert-Verl., Balve 1984.
Zwischen Himmel und Hölle. Dressler, Hamburg 1986.

Veröffentlichungen in Anthologien:
In dieser Haut. In: Schallück, Neumann, Pfeiffer. Nordrhein-Westfalen literarisch. Hammer-Verl., Wuppertal 1974.
Lyrische Texte in: Bewegte Frauen. Edition R♀F, Zürich 1977.
Lyrische Texte in: Anfällig sein. Edition R♀F, Zürich 1978.
Lyrische Texte in: Papagena-vogelfrei. Bd. 2, Schwiftinger Galerie Verl. 1980.
Lyrische Texte in: Kreidepfeile und Klopfzeichen. Spectrum-Verl. Drucksachen, Stuttgart 1981.
Lyrische Texte in: Mädchen pfeif' auf den Prinzen. Diederichs Verl. Köln 1983. 2. Aufl. 1984.

Nachbarinnen. Erz. in: Anfangen, glücklich zu sein. Arena, Würzburg 1979.
Nachbarinnen. Erz. in: Stückelliebe. Kaktus-Verl., Münster 1980.
Vertrauensarzt, Erz. in: Reise ans Ende der Angst. Bertelsmann, Gütersloh 1980.
Haralds Fete. Erz. in: Nicht mehr allein sein. Edition Pestum. Schneider Verl., München 1983.
Mein Vater. Erz. in: Im Morgengrauen. Fischer Taschenbuch-Verl. 1983.
Das Wolkenkuckucksheim. Erz. in: Träume brauchen nicht viel Platz. Dressler, Hamburg 1984.

Familiengeschichten. u. Der große Zank. u. Die dicke Gerechtigkeit. Kindergeschichten. in: Auf der ganzen Welt gibt's Kinder. Arena, Würzburg 1976.
Der große Zank. Kindergeschichte. in: Keine Angst vor der Angst. Spectrum-Verl. Drucksachen. Stuttgart 1980.
Kindergeschichten in: Spielen und Lernen Jahrbücher 1978 und 1979 Velber-Verl. Seelze.
Zahlreiche Veröffentlichungen in Zeitungen und Zeitschriften. Liebe zu dritt. In: Der bunte Hund. Nr. 1, Beltz & Gelberg, Weinheim. (Kindergeschichte)

Mehrere Funkerzählungen von 1976—80 gesendet von Radio Bremen.
Mehrere Kindergeschichten seit 1985. Kabelfunk Dortmund.